AF319049

LA RÉPUBLIQUE

ET LES

CONSERVATEURS

PAR

E. DE MARCÈRE

CONSEILLER A LA COUR DE DOUAI
DÉPUTÉ DU NORD

PARIS

E. LACHAUD, ÉDITEUR

4, PLACE DU THÉATRE FRANÇAIS

1871

LA RÉPUBLIQUE

ET LES

CONSERVATEURS

PAR

E. DE MARCÈRE

CONSEILLER A LA COUR DE DOUAI
DÉPUTÉ DU NORD

PARIS

E. LACHAUD, ÉDITEUR

4, PLACE DU THÉATRE-FRANÇAIS

1871

AVANT-PROPOS

Mon cher ami,

Vous m'avez demandé ce que je pense de notre situation politique. Il m'a semblé que votre question était l'expression d'une préoccupation assez générale à laquelle je crois devoir faire une réponse en vous répondant à vous-même.

Les événements auxquels j'ai assisté, l'appréciation faite de plus près et par conséquent plus exacte de l'état de notre pays, n'ont fait que confirmer les idées que j'avais exposées devant les électeurs, lorsque je sollicitais l'honneur de les représenter. Je croyais, dès ce moment, que la République était le régime le plus propre à nous réunir dans les efforts énergiques et soutenus que nous avons à faire pour sauver notre pays si terriblement éprouvé. Je le crois plus encore aujourd'hui, après avoir vu de près les dangers que nous courons.

La conviction dont je suis animé, n'a pour mobile

aucun motif personnel, — ai-je besoin de m'en défendre? Je m'expose au contraire, en faisant aux conservateurs un appel presque désespéré, je m'expose, je le sais, à plus d'un doute injurieux, à plus d'un soupçon injuste et à des attaques ultérieures imméritées. Loin de moi de m'en glorifier. Les électeurs qui m'ont fait l'honneur de me choisir pour député m'ont imposé le devoir de servir le pays de toutes les forces de ma volonté et de mon intelligence. Ce devoir, je l'accomplis aujourd'hui en disant nettement ce que je crois la vérité.

DE MARCÈRE.

Douai, 6 novembre 1871.

LA RÉPUBLIQUE

ET LES CONSERVATEURS

CHAPITRE PREMIER

Quelques-uns disent, et un petit nombre croient que la France est à l'état d'incubation gouvernementale. Pour moi, je pense que l'enfant est né, et que seulement on tient encore sa naissance quasi secrète afin de le soustraire aux inimitiés qui l'entourent.

A défaut d'autres titres qui la recommanderaient à nos soins, la République — c'est l'enfant dont je parle — s'impose à la France par la force des choses. Mais cette force des choses elle-même n'est pas un gage assuré de sa vitalité; car la volonté des hommes a sa part dans la destinée des peuples; et ils ne veulent pas toujours et nécessairement ce qui, pour leur bonheur, vaudrait le mieux.

Ce n'est pas que la République manque de parrains :
elle a des partisans très-convaincus, des fidèles très-passionnés ; elle a même des séides. Mais ce parrainage ne
suffit pas pour dissiper les préjugés et les méfiances
qui éloignent d'elle : il faut de plus qu'elle trouve dans
le parti conservateur un accueil sincèrement bienveillant
et qu'elle soit définitivement adoptée par tout le monde.

Dernièrement, dans le banquet que lui a offert le lord-maire de Londres, M. Léon Say disait : « il n'est pas possi-
« ble d'établir en France un gouvernement stable après
« les ébranlements que nous avons eus, si le parti con-
« servateur n'occupe pas une large place dans les affai-
« res....., la nécessité où nous sommes de rétablir les
« bases sur lesquelles toute société doit reposer nous
« impose à l'égard de ce parti les ménagements les plus
« grands (1). » M. Léon Say parlait de la liberté commerciale : mais son langage s'applique entièrement à
notre politique intérieure.

Le parti conservateur, en général, a peu de goût pour
la République, dont le maintien est cependant indispensable au salut de notre pays ; et d'un autre côté, la République ne saurait se passer des principes qui font la
force du parti conservateur. Il en résulte que la République et les conservateurs sont également nécessaires
l'un à l'autre ; l'ensemble des idées conservatrices,

____

(1) *Journal des Débats,* numéro du samedi 21 octobre 1871.

ordre, respect des droits de propriété et de famille, discipline morale, ne trouvant désormais de sauvegarde véritable que dans les institutions républicaines, et la République ne pouvant ni se fonder ni durer si l'appui des conservateurs lui manque.

La conclusion est simple. Le bon sens est ici d'accord avec l'intérêt, le patriotisme d'accord avec la raison. Si les Français prétendent méconnaitre bon sens, intérêt, patriotisme et raison, ils sont libres assurément, comme un maniaque a la faculté du suicide. S'ils veulent au contraire conserver et reconstituer l'héritage d'honneur et de puissance que nos pères nous ont laissé, il faut qu'ils consentent à vivre dans la concorde sous l'empire des institutions républicaines. Il faut que le parti conservateur se donne tout entier, sans réserves, et qu'il consente à accepter jusqu'au nom de républicain, de telle sorte qu'il ne soit plus vrai de dire que l'on fonde la République sans républicains, ce que M. Gambetta appelait naguère une impertinente théorie politique ; mais il faut aussi que les républicains de naissance ne prennent pas le ton d'ainés, et qu'ils ne s'imaginent pas avoir sur la République des droits particuliers, ce que nous pourrions, à notre tour, appeler une insupportable outrecuidance.

CHAPITRE II

La République nécessaire! l'énoncé de cette proposition soulève, selon les cas, des rires ironiques ou des protestations courroucées. Il ne sert de rien pourtant de rire ni de se fâcher. La bonne grâce en face des choses inévitables ne fait pas qu'on eût pu s'y soustraire, mais elle aide à les supporter.

La nécessité de la République ressort de deux ordres d'idées qui se lient l'un à l'autre ; l'un, l'ordre des principes, l'autre l'ordre des faits. Les principes exigent que les gouvernements soient adaptés à l'état social qu'ils régissent ; et les faits démontrent, par nos divisions mêmes sur le choix de nos gouvernements, que nous n'avons pu jusqu'à présent organiser le régime qui convient à nos principes.

« Utopie! diront certaines gens ; et quelle erreur d'introduire le raisonnement dans la politique! » Ces gens-là en général n'aiment pas la raison des autres ; mais ils trouvent fort raisonnable ce que leur intérêt leur conseille ou ce que leur fantaisie les porte à souhaiter.

Le pays des intérêts, quand on en bannit la justice, ne vaut guère mieux cependant que le pays des rêves.

Ce qui rend l'utopie et le sophisme également funestes, c'est que les utopistes et les sophistes perdent de vue ou méconnaissent volontairement l'objet même de leurs recherches lorsque, dans la politique, ils ne tiennent pas un compte suffisant de la nature de l'homme. Ils imaginent une société de fantaisie et la façonnent à leur gré : ils prétendent la gouverner de même. Les hommes ne sauraient se prêter à ces sortes de manipulations scientifiques. Ils sont soumis à des lois très-certaines, qui subsistent sous les dehors mobiles de leur nature *ondoyante et diverse.*

C'est à l'étude de ces lois que s'appliquent les juristes quand ils règlent les rapports privés des hommes entre eux. C'est aussi à l'étude de ces lois que se livrent les publicistes, quand ils veulent déterminer les rapports qui existent entre les citoyens d'un état et fixer leurs lois politiques.

Ce parallélisme entre les lois politiques et les lois civiles se poursuit depuis leur origine commune jusqu'à leur but qui est le même. C'est toujours en effet de l'homme qu'il s'agit : et, de même que les meilleures lois civiles sont celles qui se rapprochent le plus du droit naturel, de même c'est le droit naturel qui doit servir de type aux lois politiques.

C'est en nous étudiant nous-mêmes que nous découvrons ce type précieux à travers l'enchevêtrement des affaires humaines, et à travers le réseau serré des inté- rêts contraires qui se créent et luttent au sein d'une société compliquée comme la nôtre. Ainsi apparait l'œu- vre de la raison qui reprend, dans la politique, l'empire qui lui appartient partout, et dont les peuples aussi bien que les hommes doivent accepter, sous peine de périr, la domination tutélaire.

CHAPITRE III

Les principes du droit naturel appliqué à la politique, apparaissent nettement à quiconque peut se soustraire aux entraînements de la passion du jour et se dégager des préoccupations de l'intérêt personnel. Ces principes exigent que les citoyens d'un État soient gouvernés de leur libre consentement, de la manière qu'ils veulent; qu'ils soient traités également, par des lois uniformes; qu'ils participent aux mêmes avantages et subissent les mêmes charges; que leur personne soit respectée et protégée dans le développement de son activité; qu'aucune oppression n'abaisse leur front et qu'aucun despotisme n'opprime leur conscience; qu'ils soient libres enfin, dans l'usage qu'ils font de leurs facultés et dans la part qu'ils prennent à la direction des affaires du pays.

Voilà la théorie dans ses traits principaux.

Supposez maintenant, par la pensée, un peuple composé d'hommes assez sages pour accepter leur condition tout en s'efforçant de l'améliorer par le travail, assez éclairés pour comprendre les intérêts généraux; assez patriotes pour se dévouer à ces intérêts et pour suppor-

ter les sacrifices qu'ils imposent ; assez justes pour respecter les droits d'autrui ; assez prudents pour attendre
du temps les améliorations nécessaires : un tel peuple,
ayant à sa disposition l'exercice de tous les droits que
la raison reconnaît légitimes, serait arrivé à la perfection
de la vie politique et sociale.

Or, les Français pourraient être ce peuple. Les droits
du citoyen sont inscrits dans nos codes politiques ; nous
avons des institutions propres à l'application des principes du droit naturel ; il semble que nous soyons par-
venus au dernier terme où les nations puissent prétendre : mêmes droits, mêmes obligations, mêmes charges, mêmes avantages, mêmes impôts, même justice ;
et ce peuple est menacé de ruine !

Les nations qui nous entourent se rient de notre destinée que nous croyions si belle. Ils n'en riront pas longtemps. Les principes que, les premiers en Europe, nous
avons adoptés, font leur chemin. La brutale apparition
de la dernière invasion teutonique et les succès qu'elle a
remportés sur nous ne feront pas douter de leur vérité
et n'en arrêteront pas les progrès.

Mais ces principes supérieurs n'ont pas de patrie ; et
aucun peuple n'a la promesse de pouvoir les appliquer
entièrement à sa propre destinée. La France a reçu du
Ciel le don de l'initiation et du prosélytisme : elle s'en
est servi pour proclamer la loi des gouvernements modernes et pour en répandre le germe dans tout l'occident :

Mais lui est-il réservé de vivre elle-même sous l'empire de cette loi nouvelle? Elle a marqué le but : la verra-t-on se dissoudre et périr avant de l'atteindre?

Bien des prédictions sinistres annoncent sa fin. Les Allemands s'en vantent comme d'un fait providentiel dont ils seraient les ministres — à la façon d'Attila sans doute. D'autres nations, bien près des épreuves que nous venons de traverser, la redoutent : et parmi nous-mêmes, combien d'esprits infatués d'une courte prévoyance affirment doctement qu'elle est certaine.

Eh bien ! soit. La France est près d'expirer. Elle ressemble à l'homme plein d'années dont chaque jour fut un effort et presque toujours un triomphe, qui a amassé sur lui honneurs et richesses, qui a acquis des trésors d'expérience, dont la tête, encore saine, est pleine de maximes de sagesse, de règles de conduite admirables, fruits de sa longue vie, et qui, si ses jours n'étaient pas comptés, pourrait jouir enfin d'un bonheur si péniblement préparé. L'homme meurt et son bonheur périt. La nation, elle aussi, doit-elle fatalement périr et léguer à des conquérants barbares le fruit de ses grands travaux? Y a-t-il enfin contre les nations un arrêt irrévocable?

CHAPITRE IV

Cette question de la destinée des nations est sortie des écoles. Nos malheurs nous ont mis face à face avec elle; et, selon la solution que chacun lui donne, elle devient une cause d'affaissement moral ou un motif d'espérance. Il vaudrait mieux peut-être qu'elle ne fût point devenue l'objet des préoccupations vulgaires, parce qu'elle brise plus de courages qu'elle n'en relève. Il en est de ce problème comme de la foi religieuse, qui est d'autant plus féconde en vertus, qu'elle est moins livrée aux disputes. Mais nous ne sommes pas dans un temps où l'on choisit le sujet des problèmes à résoudre : ils s'imposent à l'attention, et tout contribue à les vulgariser.

Le sujet est vaste, trop vaste pour être traité incidemment dans un opuscule. Toutefois, il en est parlé si souvent : ces préoccupations, dont quelques-uns affectent de se dégager, disant qu'à chaque jour suffit sa peine, sont en réalité tellement pressantes, et sont devenues le souci secret de tant d'esprits sincères, qu'on ne saurait y échapper entièrement. Il convient d'ailleurs aujourd'hui de s'expliquer nettement sur toutes choses.

L'Humanité joue un grand rôle dans les polémiques de

notre époque :.elle est même devenue l'objet de la ten-
dresse spéciale d'une certaine école qui, à la faveur de cet
amour, vague dans sa généralité, se croit autorisée à fou-
ler aux pieds toutes les lois et à méconnaître jusqu'à l'idée
de patrie. Il est en effet commode de négliger ses devoirs
les plus simples et les plus certains, sous prétexte qu'on
est à la recherche d'autres devoirs plus grands. Ces
docteurs n'étudient, en fait de science, que les moyens
de satisfaire leurs penchants : ce n'est pas cette étude
qui attire les honnêtes gens. Mais parmi ces derniers, il
en est qui se demandent ce qu'est l'Humanité, ce qu'elle
fait et où elle va.

Deux doctrines bien différentes répondent à ces questions ; l'une religieuse, l'autre tout humaine : la première, large, complète ; la seconde, plus courte et
moins satisfaisante dans ses solutions.

La doctrine religieuse rattache l'Humanité à son créa-
teur ; elle constate sa dépendance, et cette connaissance
de l'origine de l'homme lui livre le secret qu'elle cherche. Les hommes sont les instruments inconscients
d'une œuvre qui leur échappe, mais à laquelle ils participent comme ouvriers intelligents et libres ; et leur
coopération consiste à se rapprocher du type éternel
qui leur est proposé.

Cette doctrine est tout entière dans la simple réponse
du catéchisme qui en apprend, sur ce point, à l'enfant
autant qu'au philosophe. « L'homme a été créé pour

connaître Dieu, l'aimer et le servir. » Le travail que fait chaque homme sur lui-même pour atteindre cet idéal, doit conduire l'Humanité entière vers un but de perfection morale qui est le terme de sa mission terrestre.

D'après cette donnée, l'Humanité est créée pour réaliser en ce monde une société presque divine dont les préceptes révélés de Dieu sont l'unique loi. Cette société ne meurt pas : l'immortalité lui est assurée : on l'appelle la société des âmes. Elle progresse, elle s'accroît, elle monte sans cesse et sans cesse vers le but sacré, et s'avance toujours plus glorieuse et plus belle vers les parvis éternels.

L'histoire vérifie cette théorie. Certes, il ne manque pas de détracteurs de notre pauvre espèce : ni les sujets ni les occasions ne font défaut ; et il est assez aisé d'apercevoir les vices et les lacunes qui la déparent. Cela est facile et s'accorde avec ce sentiment qui nous porte à nous comparer à autrui pour faire sur nous des retours agréables. Mais ce facile et mince plaisir ne vaut pas un seul grain de vérité : et la vérité force les esprits sincères à reconnaître, quoi qu'il en puisse coûter, que l'Humanité est aujourd'hui meilleure qu'elle n'était, aussi loin qu'on remonte dans le passé.

Chacune des périodes du temps écoulé est pour ainsi dire coupée par des décadences suivies de chutes lamentables ; et les témoins de ces écroulements se prennent à douter des améliorations précédemment acquises, parce qu'ils les voient s'effondrer pêle-mêle avec les fausses grandeurs, les prospérités mensongères, les guenilles fanées et horribles à voir qui recouvraient une civilisation brillante en apparence et au fond corrompue.

Pendant chacune de ces périodes, une partie des causes qui ont contribué à élever une société dans l'échelle de la civilisation, tels que le travail, l'effort, les progrès mêmes accomplis par l'idée de justice et d'équité dans l'œuvre des lois, ont produit des maux mélangés au bien ; la richesse, et avec elle le goût du bien-être et des jouissances matérielles ; une grande prospérité générale, et avec elle l'orgueil de la race nationale ; l'élévation matérielle et morale de tous, et avec elle les rivalités et l'envie ; des mœurs policées, et avec elles je ne sais quoi de factice dans les relations des hommes : c'est ainsi, qu'arrivée à son terme, la civilisation la plus raffinée en vient à ressembler par certains côtés à la barbarie. Le revêtement extérieur des sociétés qui meurent tombe et semble tout renverser avec lui. Mais, de même qu'un fleuve débordé qui en se retirant dépose sur ses rives un limon fertile, chaque civilisation qui s'écroule laisse après elle les germes d'un avenir meilleur qui profiteront à la société nouvelle prête à sortir de ses débris.

Le travail est long et ne se fait pas au gré de nos volontés impérieuses ; mais il se fait néanmoins, et l'Humanité, placée sous l'œil de Dieu, obéissant à sa loi souveraine, est meilleure, dans son ensemble, qu'elle n'a été : elle s'améliore sans cesse, et tend toujours à atteindre le but de perfection morale qui lui est proposé.

Telle est la doctrine religieuse sur le but de la création. Elle ne pénétre pas au-delà des choses de la terre, mais elle y découvre un sens ; elle sait d'où vient l'Humanité et où elle va.

La doctrine qui prétend se passer de Dieu est loin d'avoir cette largeur et cette claire vue des choses. Et toutefois, elle aussi, professe que l'Humanité a une mission de progrès vers un idéal qu'elle appelle la justice. Mais cette justice, qu'est-ce autre chose que l'idée de la perfection morale que l'homme doit réaliser en lui d'abord, et autour de lui ensuite, dans ses rapports avec ses semblables ?

Doctrine athéiste, doctrine religieuse s'accordent sur un point. L'une et l'autre font l'honneur aux hommes de ne pas les considérer comme un troupeau sans lien moral entr'eux, sans traditions et sans avenir. Elles professent qu'ils ont un but marqué et qu'ils ont le devoir de l'atteindre. Mais, elles ne s'accordent qu'en cela. Quant au reste, sur la conception qu'elles se sont faite soit de la perfection morale proposée aux efforts de l'Humanité, soit des moyens de l'acquérir, elles diffèrent si bien que l'athéisme, manquant à sa prétention, conduit l'homme à l'opposé du but, tandis que la doctrine religieuse l'y mène.

CHAPITRE V

Quel que soit le système que l'on adopte sur la destinée de l'Humanité, tous reconnaissent qu'elle en a une, et qu'elle la remplit. Mais lorsque, voulant vérifier cette vérité que la raison seule avait fournie, on consulte l'histoire et qu'on remonte le cours des siècles, on rencontre les traces de maintes sociétés disparues, qui ont servi sans doute à l'œuvre universelle, mais qui n'étaient point indispensables à l'achèvement de cette œuvre, puisqu'elles ne sont plus. Et forts de cet enseignement lugubre des annales humaines, quelques-uns s'en vont disant : « C'est une loi providentielle, nulle nation n'a pu l'éviter jusqu'à ce jour ; pourquoi la France y échapperait-elle ? »

Aucun peuple, constitué en corps de nation, n'a reçu, il est vrai, des promesses de durée éternelle : mais il n'est nullement contradictoire avec les données de la raison que, dans cet ordre de faits, ce qui ne s'est pas encore vu se puisse voir. Il est, en tout cas, impossible de connaître le degré où en est un peuple dont on diagnostique la durée. Tout ce qu'on peut dire sur un tel sujet, c'est que, en général, les gens qui prédisent la mort d'un malade ne s'y intéressent guère ou s'y intéressent trop, et qu'il est bon de se méfier des airs de componction que l'on voit en pareil cas sur certains visages. Ceux qui aiment véritablement gardent jusqu'à la fin une indestructible espérance.

Pour la France, quelque graves que soient les symptômes morbides signalés par ceux-là surtout qui les portent avec eux, il n'est pas temps encore de sonner le glas funèbre, d'appeler les héritiers, ces barbares que l'Orient jusqu'alors a vomis sur les pays du soleil, ni de s'arranger pour vivre côte à côte avec eux des restes qu'ils auront laissés. De tels pronostics ne sont point du tout la marque certaine d'une vraie sagacité philosophique, et, à ce sujet, beaucoup d'hommes prennent volontiers pour de la profondeur d'esprit ce qui n'est en réalité que du mécontentement. Les choses n'allant pas à leur gré, ils en concluent que la France est condamnée sans rémission ; ils ne lui épargnent aucun blâme, ils ne lui font aucune grâce, pas même celle de travailler à la sauver.

Ils ne sont pas les premiers qui aient gémi sur les maux de la patrie, ni qui aient annoncé sa fin. Notre pays a subi bien des crises ; il a traversé des phases comparables à celles où nous sommes, et auxquelles pourtant il a survécu. Ce n'est pas une présomption vaine que de croire qu'il pourra triompher de nouveau du mal qui le ronge : mais cette espérance serait puérile si nous ne cherchions pas la cause de ce mal, et si, après l'avoir trouvée, nous ne prenions pas la ferme résolution de la faire cesser. Notre propre histoire du moins nous autorise à dire que les peuples ne sont pas irrémédiablement condamnés à mourir, puisque la France n'a pas succombé aux épreuves qu'elle a déjà subies en accomplissant l'œuvre qui semble lui être destinée.

CHAPITRE VI

Bien qu'il soit sage de se défier des systèmes historiques, cependant des époques diverses peuvent offrir des analogies utiles à consulter et consolantes.

Par exemple, on a souvent comparé le temps actuel à le seconde moitié du xvi* siècle, et ce n'est pas sans raison. Les mêmes symptômes qui nous effrayent de nos jours sur notre propre compte, se montraient alors aux yeux attentifs; et les *penseurs* de ce temps-là — M. Joseph Prud'homme date de loin — apercevaient dans la corruption générale, dans le désordre universel, dans la présence des étrangers sur le sol national des signes de dissolution et de fin prochaines. Un homme vint, qui rendit à la France son unité de volonté et d'action, et qui, du monde féodal écroulé définitivement, fit sortir, avec la royauté française, une société nouvelle.

Les causes apparentes de la faiblesse de la nation, celles qui frappent les regards et que chacun peut constater autour de soi, n'étaient en réalité que des effets d'un mal plus profond. La cause véritable de dissolution qui, si elle n'avait pas été supprimée par la main énergique et habile d'Henri IV aurait produit la ruine prématurée de la nationalité française, cette cause était la désunion. La cour, les Guises, la Ligue, les Huguenots, les Espagnols, les grands seigneurs et le Béarnais ; c'é-taient ces partis qui, par leurs luttes, par leurs intri-gues, par leur égoïsme, avaient amené la France jus-qu'au bord de l'abîme, où Henri IV, en ralliant autour de lui toutes les forces vives de la nation, l'empêcha de tomber.

Le rapprochement est frappant. L'ancien régime a fait son œuvre comme le régime féodal avait fait la sienne; la royauté française qui en était l'expression et le principal organe est morte; et avec elle sont tombées les institutions qui lui étaient nécessaires. Aujourd'hui comme alors, l'ancienne société n'a pu se transformer sans luttes et sans victimes. Les mêmes intérêts qu'au-trefois, intérêts de domination et de puissance, ont rangé les Français sous des drapeaux divers; et de même qu'au xvi⁰ siècle, on voit apparaître, et pour ainsi dire pulluler les signes d'une décadence que nos *penseurs* d'aujourd'hui signalent avec une sagacité parfaitement contente d'elle-même.

La même cause, aux deux époques, a produit des maux pareils, parce que la division, dans tous les temps, produit les mêmes effets. Les hommes donnent des noms différents à leurs querelles et luttent pour des in térêts qui prennent des formes diverses ; mais au fond ils sont toujours et partout les mêmes, et ils offraient au XVIe siècle le même spectacle qu'aujourd'hui. Ce que nos pères ont vu, nous le voyons encore ; nous voyons s'accomplir l'œuvre de notre désunion ; nous assistons, la douleur dans l'âme, à la désorganisation nationale qui se poursuit et qui, si nous n'y prenons garde, se consommera définitivement.

C'est qu'en effet dans toute nation, fût-ce une nation démocratique, les uns dirigent et les autres suivent. Si la direction se divise, les membres se déchirent. Dès que la discorde règne entre les citoyens, que d'ailleurs on combatte pour le pouvoir ou pour des intérêts, pour des mots ou pour des choses, il faut toujours recruter des combattants. Pour soutenir ces luttes intestines, on déchaîne les passions, et les passions déchaînées se changent en révolte ; on fait appel aux intérêts, et les intérêts égoïstes deviennent intraitables ; on fait luire aux yeux séduits des espérances folles, et les espérances trompées se changent en prétentions injustes : on surrexcite les appétits, et les appétits déréglés se transforment en guerre sociale. Qui est coupable ? Tout le monde : et chacun, tour à tour, emploie les moyens que fournissent les institutions pour faire son œuvre funeste. La presse, la tribune, les réunions, l'enseignement, les livres, tout est bon, tout semble permis, et l'esprit de parti perd tout de vue, pourvu qu'il se satisfasse.

Les dangers se sont accrus à notre époque de l'immixtion dans la politique de ce qu'on a appelé la question sociale. Les transformations opérées dans l'état de la société ont amené avec elles des changemants considérables dans l'économie générale des fortunes privées. Les nouveaux procédés que la science a mis au service de l'industrie, et par lesquels elle a facilité et multiplié les échanges, ont bouleversé les conditions du travail. Les lois civiles ont eu leur part dans ces modifications économiques dont les effets sont ressentis dans les familles.

De là des souffrances nombreuses, parfois aiguës. Que surviennent alors des rhéteurs, des sophistes et des démagogues, qui exploitent ces souffrances au profit de leurs desseins, ils trouvent des éléments favorables dans les victimes des transformations sociales, dans les déclassés surtout, gens sans courage et sans honneur, qui prétendent jouir des avantages offerts à tous sans prendre la peine de les mériter. Toutes les sociétés, à certaines époques de leur existence, ont trouvé dans leur sein ces ennemis, affranchis de toute règle morale ; et si la nation se divise en leur présence, c'en est fait d'elle.

Le découragement s'empare des faibles ; la peur prend les poltrons ; l'égoïsme conseille l'inaction ; chacun songe à soi, sans comprendre que l'intérêt particulier est lié à l'intérêt général ; toutes les parties du peuple s'énervent dans des luttes stériles ou se plongent dans des jouissances exemptes de plaisir et privées de joies véritables ; la corruption des mœurs s'étend comme une lèpre sur le corps social sans défense, et la mort apparaît, prête à jeter le linceul sur ce qui fut une grande nation.

CHAPITRE VII

Les derniers grondements du canon Krupp cependant retentissent encore à nos oreilles. Ils nous rappellent que la conquête est le châtiment providentiel des peuples qui se condamnent eux-mêmes, et que ce châtiment nous menace; que dis-je? ce châtiment nous est infligé déjà d'une manière cruelle.

Dans le premier moment, nous avons compris et nos fautes et nos malheurs. Nous avions accepté l'expiation; et il n'est personne qui n'ait, après la première stupeur surmontée, senti passer sur la France un souffle purificateur que tous ont salué comme ces coups de vent salutaires qui délivrent une contrée des miasmes qui la désolent.

On a cru, nous avons tous cru, — n'ayons pas honte de cette naïveté qui nous honore, — oui, on a pensé que la France s'était sentie atteinte profondément, qu'elle avait fait un retour sur elle-même, et que, par un sentiment d'humilité qui relève les peuples comme les simples particuliers, elle avait confessé ses erreurs et pris envers elle-même l'engagement sacré de les réparer.

Ce n'était point une pure illusion. Il n'est guère de Français qui n'aient le sentiment secret de leur responsabilité dans les malheurs du pays ; tous sont animés de la volonté énergique de sortir de l'état où nous sommes : tous sont prêts à supporter les sacrifices nécessaires. Mais il est un dernier sacrifice, le plus pénible sans doute, et sans lequel tous les autres sont vains, qui reste à faire, c'est celui de nos dissentiments mutuels, c'est l'abnégation des partis.

Nous ne consentons pas encore à arracher de nos cœurs l'esprit de discorde, et, comme des hommes mécontents d'eux-mêmes, nous aimons mieux accuser autrui que de nous vaincre. — Le mal est trop profond, dit-on, rien ne pourra le guérir. Voyez : le paysan s'occupe uniquement de ses intérêts matériels, et il se défie des conseils qui s'offrent à lui : il n'a cure que de son bien, et il n'élève pas ses regards au delà du champ qu'il cultive : l'ouvrier perd la notion des devoirs de famille et de citoyen ; il s'enrôle dans les rangs des destructeurs de tout ordre social ; il entre en guerre contre la propriété qu'on lui représente sous le nom de capital comme son ennemi ; le soldat répugne à l'esprit militaire et remplace l'antique honneur par le goût du bien-être ; le commerçant songe à son magasin et à la fortune promptement acquise : l'industriel n'a de pensée que pour ce qui favorise ses affaires : les gens de lettres se désintéressent des choses de l'esprit pour le gain que leur esprit leur procure : les gens riches veulent jouir de leur opulence et maudissent des institutions qui les astreignent à la moindre peine. Voyez : la France, si vaine de sa grandeur passée, semble oublier déjà la présence odieuse de l'étranger et l'humiliation de sa défaite ; sa légèreté incurable l'emporte dans le tourbillon où se plaisent les gens qui cherchent à s'étourdir sur eux-mêmes. On se plaint des blessures reçues, mais on maudit l'effort qu'il faudrait faire pour les guérir ? où est le devoir ? où est la vertu ? où est le souci de la patrie ?—

Je dirai plutôt : où sont les conducteurs du peuple ? J'aperçois des hommes que leur position sociale, que leurs talents reconnus, que leur considération acquise désignent pour cette fonction sociale de guider la nation dans sa voie. Leur égoïsme leur sert de règle, leur vanité les aveugle, leur intérêt seul les inspire. Par un dernier sentiment de patriotisme, ils ne veulent pas s'avouer les mobiles secrets de leur conduite. C'est ainsi — tant nous sommes enclins à nous abuser nous-mêmes — que peut-être ils croient pouvoir revendiquer, chacun pour leur parti, l'honneur de la régénération du pays et de la revanche qu'elle pourrait préparer. Mais dans cette mêlée confuse, où les intentions les meilleures avortent misérablement, la France cherche en vain la direction forte et sensée dont elle a besoin.

CHAPITRE VIII

On dit souvent que la France ne sait pas ce qu'elle veut. Ce n'est pas pourtant la bonne volonté qui lui manque : car les peuples pas plus que les individus ne repoussent délibérèment ce qu'ils savent leur être nécessaire. Il serait plus sincère de convenir que les conducteurs naturels du peuple ne lui disent pas ce qui lui convient.

Chacun, suivant un dicton populaire, prêche pour son saint, et dans sa ferveur cherche à attirer à soi la faveur populaire. Mais au milieu de ces compétitions plus ou moins ardentes, en vain chercherait-on une raison sérieuse qui pourrait, dans les temps où nous sommes, motiver une révolution dans l'état : aussi les oppositions qui se produisent ne procèdent-elles que de trois mobiles également condamnables : la vanité blessée, l'intérêt personnel ou la passion.

Si, dans un pays organisé comme l'est le nôtre, on entend un citoyen se plaindre que les choses aillent de travers, prétendre que cela ne peut durer de la sorte, que la patrie est en danger entre les mains qui dirigent ses destinées, on peut être assuré qu'au fond de ces colères, qui prennent habituellement les dehors d'une douleur patriotique mélancoliquement résignée, il y a le plus souvent une vanité blessée ou un déboire d'amour-propre.

Que cherchait cet homme ? une place ou une fonction élective. Il n'a pas obtenu l'une : — c'est la justice distributive qui est lésée. Et comment veut-on que le gouvernement fasse les affaires du pays puisqu'il ne fait pas celles de ce solliciteur méconnu? Ou bien, ce patriote aura éprouvé un échec électoral. — N'est-ce pas abominable? un pays qui ne sait pas discerner ses vrais amis et les hommes capables se perd assurément ; et les institutions qui le régissent lui sont funestes, puisqu'elles n'offrent pas même un rôle à ce candidat mécontent.

N'est-il pas vrai pourtant, que, le plus souvent, le compétiteur heureux méritait autant la place désirée ou les suffrages ambitionnés que son concurrent ? Il n'y a pas de gouvernement qui ne fasse pour son service les meilleurs choix qu'il peut parce qu'il y va de son intérêt ; il n'y en a pas qui puisse songer à favoriser une catégorie de citoyens et à reconstituer une caste de mandarins sous l'empire d'institutions comme les nôtres ; et enfin, le vrai mérite, en admettant qu'il soit parfois méconnu, est rarement pour toujours éconduit, à moins, ce qui arrive trop souvent, qu'il ne se mette au service des partis.

Les arrêts du suffrage universel, quand ils sont librement rendus, sont comme ceux de la justice. Ils autorisent vingt-quatre heures de malédiction de la part du candidat évincé. Mais, si ce candidat est un homme de bon sens, il s'avouera à lui-même que le suffrage universel n'a pas commis une iniquité flagrante en le négligeant; que d'ailleurs la faveur populaire a des retours favorables; il comprendra surtout que si une longue possession a favorisé jusqu'à présent l'esprit d'exclusivisme, il n'en sera plus de même désormais, et que le suffrage universel étant la source du pouvoir, il faut bien se faire à l'idée que tout le monde y pourra puiser.

Nous sommes tous enclins à nous attribuer une importance trop grande, et à croire que le monde roule autour de nous. Il semble que notre personne délaissée fasse au peuple entier un tort effroyable. C'est une illusion agréable dont il vaut mieux nous défaire que d'attendre qu'on nous l'arrache. Mais cette illusion plaît à beaucoup d'hommes qui en viennent à douter qu'un gouvernement sous lequel ils ne sont rien puisse être bon à quelque chose !

Les mécontents par vanité songent aux réparations et aux revanches. Les mécontents par intérêt portent leurs regards sur les gouvernements déchus et sur les trônes écroulés.

Chacun de ces gouvernements a eu ses clients, non

pas ceux-là que la fidélité seule inspire, mais ceux que l'intérêt retient. Ces clients ont une certaine tendance à se constituer en caste privilégiée ; et lorsque les événements leur laissent entrevoir le retour possible de leur domination, ils ne supportent pas la pensée qu'on puisse la leur disputer. Les besoins généraux du pays, la nécessité d'élargir les cadres, le danger de révolutions nouvelles, les conseils les plus pressants du patriotisme, tout cela disparaît, se fond, se transforme dans la vue étroite de son intérêt, pour la clientèle des régimes tombés.

Ils ne voient de salut pour le pays que dans la restauration du gouvernement qui leur assure leurs avantages. Ne leur parlez pas de sacrifices à faire, du pur dévouement à la chose publique, d'efforts généreux à soutenir pour garder leurs positions acquises ; ils songent à ce qu'ils considèrent comme leur bien, et n'aspirent qu'à le reprendre. Ils se persuadent volontiers que le salut public est d'accord avec leurs regrets et dépend de la réalisation de leurs espérances. Comment veut-on qu'ils fassent cas d'un système de gouvernement qui les oblige à refouler espérances et regrets, et qu'ils tiennent compte de devoirs patriotiques qui leur coûteraient un tel prix !

Ainsi voit-on, au sein du pays qui s'efforce de s'organiser et de vivre en paix avec lui-même, s'agiter des coteries qui se parent de titres respectables, et qui, tout entières à leur intérêt propre, troublent la nation au nom de l'intérêt public. Vous voulez les convaincre qu'il est plus patriotique et plus sage pour eux-mêmes de consolider un gouvernement qui fait la part de tous, que de jeter le pays dans de nouvelles aventures : vous perdez votre peine. Sachez donc qu'ils n'estiment point suffisante la place qu'ils occupent dans l'ordre nouveau, et qu'ils comptent sur l'ancien pour en occuper une plus belle. Vous n'êtes pas satisfait ! Qu'importe pourvu que la coterie le soit ? Cela ne fait pas les affaires du pays ! Qu'importe encore pourvu que la coterie fasse les siennes ?

Les partis sont ingénieux à couvrir leurs mobiles de dehors honorables : aussi l'ardeur des vanités blessées, l'apreté des intérêts égoïstes, l'aveuglement des hommes qui s'obstinent à combattre pour une cause perdue ; cela s'appelle de nos jours la passion des partis !

La passion explique les luttes intestines et quelquefois les justifie, lorsqu'elle puise sa source dans des sentiments élevés et dans des raisons vraiment politiques. On comprend que des citoyens s'organisent en partis pour obtenir justice, pour défendre ou pour conquérir des droits qu'on leur dénie, pour venger ou pour sauver des principes protecteurs de leur personne, de leurs familles, de leur conscience. On comprend la lutte établie contre des pouvoirs oppresseurs, contre la tyrannie, de quelque nom qu'on l'appelle. On aime à s'associer, par la pensée, aux généreux efforts des hommes de 89, à applaudir à la résistance des victimes de la terreur, à sympathiser à la douleur des patriotes impuissants contre le césarisme installé, par surprise, dans le noble pays de France. La passion des partis n'est alors que l'amour de la justice : elle s'ennoblit par ses mobiles, et fait excuser jusqu'à ses erreurs.

Mais lorsqu'on n'a plus ni droits à conquérir, ni injustice à supporter, ni violence à subir, ni principes à sauvegarder ; lorsqu'on peut protéger soi-même tous les biens qu'on estime, et que néanmoins on entre en guerre contre le gouvernement de son pays ; alors l'acharnement à la lutte, dût-il se couvrir des dehors de la fidélité à une cause particulière, ne saurait être confondu avec la passion qui combat pour tous. Ce n'est plus de la passion politique, c'est de l'entêtement ; et les partis qui sont organisés dans un tel esprit, ressemblent à des enfants qui ont tout ce qui leur faut et qui s'irritent de ce qu'on leur refuse ce qui leur plait.

CHAPITRE IX

La vanité ou l'intérêt ou la passion sans cause, voilà de beaux sujets de guerre! C'est pourtant ainsi que la désunion se perpétue dans le sein du pays, et qu'elle altère tous les éléments de sa puissance. C'est ainsi que l'on assiste à ce spectacle étrange d'un peuple qui prend à tâche de se perdre lui-même.

Chaque faction rapportant tout à elle, trouve aisément des prétextes pour justifier son hostilité; et il n'y a pas de gouvernement qui ne lui fournisse quelques motifs de blâme. Mais elle active le mal qu'elle combat pour se faire un mérite de l'avoir vaincu : de sa part, la contradiction anime à la lutte au lieu de conduire à la persuasion : le triomphe de chacune d'elle est une injure pour les autres; sa défaite, une humiliation sentie cruellement : toutes se servent de moyens propres à développer les vices qui perdent les nations : les erreurs propagées, les perfidies dirigées contre les hommes, la désaffection et la méfiance entretenues parmi les citoyens, la désobéissance à la loi qui les gêne, l'insubordination contre le gouvernement qu'elles tendent à renverser. Et si cette cause de trouble, de malaise, de désordre agit en sens divers et incessamment, comment veut-on qu'un peuple dure?

Une désagrégation plus ou moins rapide est le résultat inévitable de cette œuvre des factions — les partis qui ne poursuivent aucun but légitime ne méritent pas d'autre nom. Regardons autour de nous. C'était hier : les Prussiens étaient encore là, la France humiliée et brisée ne pouvait que courber la tête et payer sa rançon. Elle ne devait, semblait-il, avoir d'autre pensée que de poursuivre sa réhabilitation et sa délivrance. Qu'avons-nous vu cependant? Un gouvernement qui ne compromettait aucun de ces principes supérieurs que tout homme, fût-il seul contre tous, a le droit de défendre; un gouvernement modéré, éclairé, dévoué à la grande œuvre qui lui avait été confiée, a été presqu'aussitôt le point de mire d'oppositions plus ardentes que celles qui s'attaquaient au régime d'hier, et le régime d'hier c'était l'Empire! En vain invoquait-on le bien du pays, alors qu'on empêchait le bien de se faire : en vain invoquait-on la défense des principes. Non, non, des amours-propres blessés, des intérêts de partis ajournés ou compromis, des entêtements de fidélité sans espoir, voilà ce qu'il y avait au fond de ces mécontentements, de ces colères et de ces violences de langage qui, jusqu'à présent toutefois, ont abouti à de ridicules avortements

Mais si les factions n'ont pas poussé les choses jusqu'au

renversement du pouvoir, il en faut rapporter le mérite moins à leur modération qu'à leur rivalité mutuelle, qui leur faisait redouter le triomphe de factions contraires. Au fond, la République était l'ennemi commun d'adversaires divisés entre eux, et qui n'oseraient pas avouer hautement la cause secrète de leur hostilité.

Leur but est différent, mais leur inimitié commune les rapproche. Ils unissent leurs efforts, rassemblent leurs armes, les fourbissent et les aiguisent ensemble. On prépare les résistances dans des conciliabules où se rencontrent des alliés d'un jour, ennemis demain : on grossit les fautes commises : on s'excite mutuellement ; on répand des bruits faux et malveillants ; on exagère les récriminations ; de plaintes peut-être légitimes, on fait des griefs irrémissibles ; on s'agite ; on a des journaux à la solde des ambitions persévérantes ou des haines irréconciliables ; par eux, on envenime l'opinion, on effraie les intérêts, on provoque des craintes, on inspire des méfiances, on soulève des mécontentements ; et chaque allié acquis au dehors devient un centre nouveau de résistance, et bientôt de révolte plus ou moins ouverte. On s'adresse à l'armée, au commerce, à l'industrie, au capital, aux classes laborieuses ; on désagrége les forces renaissantes ; puis, chacun autour de soi poursuit cette œuvre détestable. Parmi les populations, on accrédite les erreurs d'opinion, on soutient les résistances contre l'ordre nouveau, on fait appel au besoin, aux mauvaises passions, on inspire la haine de la République, on réveille contre elle des terreurs chimériques, on lui attribue tous les crimes, toutes les horreurs du passé et du présent. On a tout brouillé, tout compromis, tout mis en doute ; on s'est fait l'artisan de la discorde et des souffrances qui en sont la suite inévitable ; et quand on a fait cette belle œuvre, il arrive que ceux qui s'y étaient le plus dévoués, et qui, grâce à leur défaut de clairvoyance, étaient restés les moins malhonnêtes, ont travaillé pour autrui : ils s'aperçoivent alors que leur victoire est pour eux une duperie, et pour le pays un désastre de plus.

CHAPITRE X

Que manque-t-il cependant au peuple français ? soit
au point de vue de la justice, soit au point de vue d'intérêts plus vulgaires, que lui manque-t-il que la République lui refuse, et que les factions puissent lui donner ?
Rien, si ce n'est la vertu parfaite chez les hommes qui
gouvernent, et la perfection absolue dans ses institutions.
Les factions qui lui promettraient l'une et l'autre seraient
bien hardies, en vérité.

Il n'y a pas de peuple dont les lois et dont les principes de droit public se rapprochent davantage du droit
naturel. Il arrive au port, il y entre; mais il peut som-
brer encore si les conducteurs de ce peuple s'obstinent
à se disputer entre eux sur la direction à suivre, et s'ils
soulèvent volontairement les tempêtes au milieu des-
quelles il ira fatalement se perdre.

Non que la nation dans son ensemble et dans ses éléments divers, ait atteint le terme du progrès définitif.
—Qu'est-ce qui est définitif? Il lui reste à développer
dans ses lois, dans ses mœurs, dans les actes quotidiens
de sa vie, et dans les relations des citoyens entre eux les

idées de justice et d'équité qu'elle a proclamées comme étant désormais la règle de sa conduite ; il lui reste à appliquer à sa prospérité et à sa grandeur les principes de politique moderne pour lesquels jusqu'à présent elle n'a guère fait que combattre. Arrivée à ce point, elle est comme un homme également doué pour le mal ou pour le bien de facultés éminentes, et dont la destinée dépend du libre choix de sa volonté. Elle a deux voies devant elle ; l'une qui la conduirait sous la domination du césarisme, à la décadence et à la conquête ; l'autre qui, sous la forme républicaine, lui promet des destinées inconnues et le premier rang parmi les peuples de l'Occident.

Qu'elle choisisse donc. Elle peut démentir les pronostics funestes ou leur donner raison. Elle peut prouver que les peuples ne meurent pas tant que les générations qui se succèdent ont gardé, avec le sens des traditions nationales, la volonté de les suivre et l'énergie nécessaire pour les continuer. En France, ces traditions sont bien claires, et se manifestent par un travail constant d'affranchissement.

Depuis la conquête franque, ce travail s'est continué sans intermittence, sinon sans secousses. Affranchissement des serfs, puis des communes, affranchissement des liens de la féodalité, affranchissement des consciences, affranchissement des terres, affranchissement de l'inégalité des conditions ; unité de législation, égalité de droits, liberté individuelle, participation du peuple à son gouvernement ; et peu après, affranchissement de l'autorité royale elle-même, possession de la souveraineté en droit et en fait : propriété, travail, commerce, industrie, individu et peuple, tout est affranchi désormais ; et l'individu est maître de lui, comme le citoyen a sa part de souveraineté dans la gestion de la chose commune. Que reste-t-il à conquérir ? que reste-t-il à promettre à ce peuple, et que peut-il souhaiter lui-même ?

Ce qui lui reste à obtenir, c'est la sécurité dans la possession de ses libertés, l'ordre sans lequel ces mêmes libertés sont stériles, et enfin la stabilité dans le gouvernement qui, seule, permet de féconder le présent et autorise des vues d'avenir.

CHAPITRE XI

Les hommes politiques qui nieraient ces conclusions sont dans la nécessité de démontrer que les principes adoptés par la France sont faux et funestes, et d'avouer qu'ils tendent à les effacer de notre droit public. Ils leur faut déclarer que l'égalité, la liberté, la souveraineté nationale doivent disparaître de nos lois et cesser d'être invoquées comme des droits légitimes : ou bien, s'ils s'inclinent devant la puissance de ces idées qui se sont emparées si fortement des esprits modernes, que peuvent-ils faire autre chose que de les servir? Par quels biais, par quels artifices de raisonnement peuvent-ils refuser leur concours au gouvernement qui assure à la nation une sécurité réelle dans la possession des droits qu'elle préfère à toute chose, qui, en faisant cesser les rivalités des partis, procure l'ordre public, qui garantit enfin la stabilité des institutions ?

La politique de sentiment, les convenances, les goûts particuliers peuvent-ils prévaloir sur la politique de raison, qui veut que les institutions d'un pays se modèlent sur son état social? C'est bientôt dit d'imputer à crime aux gens de faire usage de leur bon sens dans ces sortes d'affaires, et de les traiter d'utopistes.

Si cependant on admet que, dans la société française, tous les citoyens sont libres de penser, d'écrire, de parler, libres d'appliquer leurs facultés à leur gré, pour leur bien particulier ou pour celui d'autrui; que la liberté égale pour tous est limitée par les droits de chacun : si on admet que cette société se gouverne elle-même, qu'elle est en possession de diriger ses affaires au dehors et au dedans; on est forcé d'en conclure que les citoyens de cet état doivent avoir des lois conformes aux principes sous l'empire desquels ils entendent vivre. Et que peut-on penser des hommes qui ne veulent pas que la logique aille jusque-là, si ce n'est qu'ils ont un médiocre souci de ces libertés pourtant si nécessaires?

Si on admet encore que la société mise en possession de droits si considérables en est jalouse jusqu'à la passion, on est conduit à la nécessité de combiner un gouvernement qui rassure la nation sur le maintien de ses libertés. Et les hommes qui, en face de cette conséquence, disent qu'en politique la logique ne vaut rien, donnent à penser qu'ils font peu de cas de ces biens auxquels la nation attache naturellement un grand prix.

Si enfin, dans le travail intérieur auquel se livre la société conviée à unir ses efforts pour réaliser ce qu'elle désire, elle rencontre dans son sein des résistances, des mauvais vouloirs et des hostilités ; la nation, obéissant à un raisonnement fort simple, ne sera-t-elle pas en droit de demander à ces citoyens d'où vient leur opposition. s'ils croient pouvoir entraver la liberté générale, si l'égalité leur déplait, et si enfin ils ont la prétention de participer seuls, à l'exclusion des autres fractions du pays, à l'exercice de la souveraineté nationale?

CHAPITRE XII

Ce ne sont pas là des suppositions tout à fait gratuites, quoique les contestations sur les droits reconquis, et les discussions sur la valeur des principes soient désormais de l'histoire. La controverse est close sur ces sujets, à ce point qu'elle n'oserait plus se produire publiquement. L'adversaire le plus intrépide des idées modernes, adversaire sincère mais inconséquent, écrivait dernièrement à propos de la presse : « Elle appartient à l'ordre redoutable des maux nécessaires. Les journaux sont devenus un tel péril qu'il est nécessaire d'en créer beaucoup. La presse ne peut être combattue que par elle-même et neutralisée que par sa multitude (1). » Voilà un aveu arraché, peut-on dire, à une passion ennemie. Ils sont tous ainsi : mettez les détracteurs des principes modernes en demeure de les désavouer, ils les confessent : il est vrai qu'ils ne peuvent se résoudre à y faire acte d'adhésion définitive, mais

(1) L. VEUILLOT. *Univers* du 8 octobre 1871.

leurs contradictions sont si fréquentes, que c'est aux nécessités de la polémique plutôt qu'à leur sentiment in-
time qu'il faut attribuer leur hostilité.

Jusqu'à ces derniers temps, on contestait encore sur
le fond des idées. On se demandait si les principes de
la politique moderne étaient bien purs; s'ils étaient justes; s'ils n'avaient pas ouvert une ère de crimes abomi-
nables ; s'ils n'avaient pas produit la tyrannie sous toutes ses formes ; si, loin d'être avoués par la raison, ils
n'étaient pas plutôt la manifestation du délire de l'orgueil humain et la marque de notre infatuation native.
Que n'a-t-on pas dit ? Quelles thèses n'a-t-on pas soute-
nues? Mais toutes ces querelles ont abouti à une unanimité relative, qui se manifeste par l'impossibilité de toute
contradiction ouverte.

Les intérêts alarmés par la législation civile née de la
révolution de 89 ont aussi soutenu une lutte longue et
diverse. Le désaccord se manifestait sous des formes
multiples, et s'accusait dans les actes de la vie publique
de mille manières. Tantôt c'était l'état des fortunes qui
se trouvait profondément modifié au profit des uns et au
détriment des autres : tantôt c'était la domination, et la
possession de la puissance publique qui passait de certaines mains dans d'autres mains, avant de devenir le
partage de tous. Désormais, dans cet ordre d'idées, l'a-
paisement s'est fait dans les esprits. On s'est résigné,
alors même qu'on n'adhérerait pas de cœur aux trans-

formations sociales; et chacun accepte pour soi les conditions nouvelles qui s'imposent à tout le monde.

Dans ces dernières années cependant, le bon sens public a subi une dernière épreuve qui a mis en doute la justice des principes modernes, dont des sophistes, avec des airs d'apôtres, essayèrent de tirer des conséquences redoutables pour l'ordre social. On annonçait à grand fracas des théories novatrices, telles qu'on en a vu apparaître dans tous les temps de trouble; fruits de cerveaux malades, dont les élucubrations, dans les époques tranquilles seraient restées dans l'ombre, mais qui, à la faveur de l'effervescence générale, se produisent comme des nouveautés pleines de merveilleuses promesses.

Ces théories que l'on désigne sous le nom générique de socialisme avaient la prétention de sortir des principes mêmes de la révolution de 89, tandis qu'elles en étaient la négation la plus radicale. Elles ont effrayé à juste titre la société menacée dans ses droits les plus certains. Après avoir séduit quelques esprits médiocres et sincères, après avoir affolé des cerveaux mal réglés, après avoir aigri des cœurs déjà enclins à la révolte contre les conditions de la nature humaine, ces théories malsaines, fausses et bêtes, ont abouti à l'enfantement hideux de cette triste Commune du 18 mars; et s'étant montrées dans leur vérité et dans leur crudité pour ce qu'elles sont, elles sont tombées dans le mépris définitif de tout ce qui a l'esprit juste, l'âme honnête et le cœur français.

Par un rapprochement qui n'est ni arbitraire ni dû au hasard, deux fois dans un court espace de temps, du 4 septembre 1870 au mois de mars 1871, la France a fourni au péril de sa vie, la preuve expérimentale de la thèse politique que les vrais libéraux ont toujours soutenue, à savoir : que la démocratie perd les nations quand elle ne sait pas ou ne peut pas s'organiser sous la forme qui lui convient, et qu'elle échoue alors sur ses deux écueils, le césarisme ou la démagogie.

Le césarisme s'était emparé, en 1848, de la démocratie française avant qu'elle ait eu le temps de se constituer. Il lui a fallu peu d'années pour l'amener, démoralisée, affaiblie de corps et d'âme, jusqu'au désastre de Sedan et à la domination étrangère. Après le césarisme, la démagogie a réussi à mettre la main sur Paris : il a suffi de deux mois pour mettre à nu toute la hideur d'une société livrée à la démagogie, et pour démontrer que la doctrine révolutionnaire conduit fatalement et vite un peuple au néant.

Les deux faits sont contemporains parce qu'ils tiennent en effet à une cause unique, et réalisent dans les faits une théorie politique absolument vraie, à savoir : la dissolution fatale d'une démocratie livrée au césarisme ou à la domination des démagogues.

La France a échappé par miracle, mais non sans blessures, aux cruelles expériences qu'elle vient de faire. Serait-ce donc que son intelligence et sa volonté se sont usées également dans les luttes antérieures? et qu'après avoir reçu de telles leçons, elle soit devenue tout à la fois incapable d'en profiter et de les comprendre?

CHAPITRE XIII

S'il est vrai cependant que les vérités politiques de
l'état moderne sont acquises, s'il est certain qu'elles ne
trouvent plus parmi nous de contradicteur avoué, si
l'accord est complet dans les sentiments et dans les idées,
il semble qu'il ne saurait y avoir de divergence dans les
volontés, ni de contrariété dans les actes. Et cependant
cette divergence existe, cette contrariété se manifeste :
ce sont elles, elles seules, qui entretiennent, au sein de
notre pays, ces divisions qui le perdraient, si elles
devaient persister, et qui le rendraient impuissant contre
les éléments mauvais qu'il renferme.

Sans doute, il serait chimérique de demander une de
ces unanimités que l'on qualifie de touchantes, une harmonie parfaite et une conformité absolue de vues sur
toutes choses. Il n'en faut pas tant.

Lorsque par exemple, sous le règne de Louis XIV,
tous les Français reconnaissaient la souveraineté du roi,
et vivaient sous l'empire des institutions monarchiques
sans imaginer seulement qu'ils pussent vivre autrement :
lorsque, depuis le roi, depuis les grands jusqu'aux ma

gistrats et jusqu'au peuple, chacun agissait dans le sens de la loi générale, esprit de vie de cette société que l'on a appelée l'Ancien régime, ces institutions ont donné en grandeur, en puissance nationale, en progrès individuels et en richesse tout ce qu'elles pouvaient produire. Dans la marche de cette société qui suivait sa destinée comme un fleuve suit son cours, des opinions diverses existaient cependant : elles se sont même parfois manifestées, mais sans troubler l'ordre général et sans y mettre obstacle. Toutes les volontés se dirigeaient dans le même sens, et tous les actes de la vie nationale tendaient au progrès que les institutions d'alors rendaient possible.

Que la France ait accompli sous ce régime de grandes choses ; qu'elle ait été puissante, prospère, et que sa grandeur ait rayonné sur le monde, quel patriote pourrait y contredire ? La France moderne n'a pas le droit de renier ces résultats dont elle profite : et ce qui les a produits ce furent deux conditions essentielles à tout peuple : l'uniformité dans les vues de la nation et l'unité dans sa direction. Les événements accomplis depuis quatre-vingt ans ont rendu peut-être ces conditions plus difficiles aujourd'hui : elles n'en sont que plus nécessaires ; et si, par la faute des hommes, elles sont devenues irréalisables dans notre pays, ce seront ces mêmes Français, si dédaigneux envers l'Ancien régime et si fiers de l'avoir dépassé dans la voie du progrès, qui auront perdu la France que l'Ancien régime avait faite.

Ne serait-ce pas un spectacle étrange que celui d'une nation que rien ne sépare, ni principes, ni intérêts, qu'un malheur immense vient de frapper, et qui s'obstinerait encore à se mutiner contre elle-même! Et l'étonnement ne se change-t-il pas en pitié quand on songe que ce qui la divise c'est une thèse de Byzance, la forme du gouvernement?

CHAPITRE XIV

On entend souvent des hommes qui font profession d'empirisme en fait de politique, dire que toutes les formes de gouvernement sont bonnes et que la seule chose dont il se soucient, c'est d'avoir des institutions qui leur conviennent. La recette est excellente et merveilleuse de simplicité : elle n'a qu'un tort, qui est de ne servir à rien, puisque c'est précisément l'ensemble des institutions qui donnent à un gouvernement sa forme propre et qui permettent de lui donner un nom.

Si les institutions qui conviennent sont par essence des institutions républicaines, il est au moins extraordinaire qu'on ne veuille pas consentir à vivre en république. Et si on veut la monarchie, il n'est pas facile de concevoir qu'on veuille garder des institutions républicaines. A entendre ces hommes, il semblerait que les institutions puissent marcher toutes seules en vertu d'une force qui leur est propre. Ils oublient que l'esprit qui préside à leur marche doit être le même que celui qui a présidé à leur création. Le mécanicien manœuvre sa machine conformément au but pour lequel elle est faite, et on ne moud pas de grain avec une machine à battre. C'est pourtant ce que prétendent faire beaucoup de gens quand ils affirment qu'ils aiment infiniment les institutions républicaines, mais qu'ils ne consentiront jamais à vivre autrement qu'en monarchie.

C'est qu'en effet, les classifications faites par les publicistes politiques, à commencer par Aristote, ne sont nullement arbitraires, et qu'elles répondent à la nature des choses. Toutes les formes du gouvernement sont bonnes, soit : mais toutes ne conviennent pas au même temps, et il est absolument nécessaire qu'elles soient conformes à un état social déterminé. Jamais on ne fera par exemple qu'une démocratie soit régie par un gouvernement aristocratique, parce qu'il y a contradiction et dans les mots et dans les choses.

On a pu voir chez tel peuple, en Angleterre par exemple, deux formes de gouvernement s'amalgamer ensemble. La constitution anglaise a combiné les deux éléments de pouvoir sortis des ruines de la féodalité, la monarchie et l'aristocratie. Mais, jusqu'à présent du moins, l'élément aristocratique l'a emporté sur l'autre, et il a gardé le pouvoir réel : il le gardera jusqu'au jour où les deux éléments iront se fondre dans la démocratie anglaise.

Et maintenant, il n'est pas nécessaire d'avoir une grande profondeur d'esprit, de faire étalage de passions égalitaires ni de prendre des tons d'oracle, pour affirmer

qu'une démocratie armée du suffrage universel, est
contradictoire avec l'idée monarchique, laquelle emporte
acc elle l'idée d'un pouvoir irresponsable et indéfini.
Cela déplait : mais qu'y faire? L'état des peuples, comme
tant d'autres choses, n'attend pas pour se transformer,
d'avoir reçu notre agrément.

Une démocratie ne reconnait pas d'autre maitre que
la loi qu'elle s'impose à elle-même : elle n'admet pas de
pouvoir supérieur et placé en dehors d'elle : elle n'abdique jamais sa souveraineté, tant qu'elle veut rester libre.
Comment veut-on qu'elle s'accommode de la royauté qui
précisément est, par essence, un pouvoir supérieur,
placé au-dessus de la nation, inviolable et sans fin; de
telle sorte que la souveraineté nationale elle-même n'a
sur ce pouvoir aucune prise, et se trouve, par rapport
à lui, dans un état réel de subordination ? Il n'y a pas de
vraie monarchie sans pouvoir réel et sans hérédité : et
quel est le royaliste de France qui pourrait garantir sérieusement à un monarque régnant une autorité propre
et la survivance d'un dauphin?

La monarchie a d'autres exigences. Elle a besoin de
s'entourer d'un corps de citoyens qui s'appellera selon
les lieux et les temps, les classes privilégiées, la no-
blesse, la classe gouvernante, corps que l'on trouve
dans tous les pays monarchiques. Cette fraction de la
nation sert de trait d'union entre les deux souverainetés
en présence, celle du peuple entier, celle du Roi : elle

soutient l'une et défend l'autre : elle sert de lest à la machine gouvernementale : mais elle n'est vraiment utile et
ne remplit son rôle dans l'état que lorsqu'elle participe
de quelques-uns au moins des priviléges du trône, et
particulièrement de l'hérédité, qui seule perpétue sa
puissance.

L'absence d'un corps intermédiaire de ce genre frap-
pait les institutions de 1830 d'une faiblesse irrémédiable.
En vain, à défaut de priviléges héréditaires, les hommes
d'Etat de cette époque tentèrent-ils de constituer une
classe à part sous le nom de *Pays légal*, et de maintenir
autour de ce pays, comme une muraille de Chine, le
cens électoral. Cette fiction, comme celle de l'hérédité
royale, fut emportée par le courant démocratique, contre lequel les institutions, plus monarchiques pourtant,
de 1815 n'avaient pas été une digue suffisante, et la révolution de 1848 entraîna en quelques heures ce fragile
établissement. C'était un coup de main, dit-on ; non,
c'était la nature des choses.

Mais ce *Pays légal* plaisait à ceux qui l'habitaient, et
il a laissé des regrets qui, aujourd'hui, se tournent volontiers en espérances. On abjure, il est vrai, toute idée
de retour vers le cens électoral. On ne peut pourtant
consentir à rester démocrate qu'en cessant d'être monarchique ; et ce n'est que par un oubli total des conditions essentielles de la royauté que l'on peut songer à
en rétablir une, sans l'entourer même de cette apparence

d'aristocratie que l'on avait cru trouver dans les cen-
sitaires.

Les sentiments de reconnaissance pour une famille
royale et de dévouement à sa cause, peuvent, sans cesser
d'être dignes de respect, troubler, à cet égard, l'esprit
d'amis fidèles. Mais on ne saurait accorder le même hommage aux hommes plus intéressés que vraiment dévoués,
qui ne voient dans la restauration du trône de juillet que
les avantages personnels qu'ils en attendent. Jouer un
rôle à la Cour, fût-ce celle d'un roi citoyen ; être pair du
royaume, pair à vie toutefois et sans avoir cure de sa
lignée, comme il convient à un homme nourri des principes égalitaires ; renouer au temps présent et à sa
personne, la chaîne interrompue des faveurs et des dis-
tinctions ; reformer la ligne de défense du *Pays légal*
perdu ; ce sont là, certes, des préoccupations bien capables d'aveugler les gens qui les ont, mais fort peu
dignes d'intérêt pour ceux qui ne les partagent pas.

La nécessité pour la royauté de former autour d'elle
un groupe de citoyens qui lui serve à la fois de rempart
et de cortége, est précisément ce qui est le plus contraire
à l'esprit général de la nation. Tout ce qui, fût-ce en apparence, porte atteinte à l'égalité est ressenti par les
Français comme une injure, à ce point qu'on peut douter
s'ils voudraient même de leur salut à ce prix.

C'est contre ce sentiment passionné que viendrait se
heurter plus encore toute tentative de restauration du

trône légitime. Ce trône apparaît aux yeux comme es-
corté des traditions et des souvenirs les plus pénibles
pour la nation. Il entre, dans cette répulsion, bien plus
de préjugés et de préventions injustes que de motifs
justifiés : et toutefois, l'instinct démocratique devine que
la doctrine légitimiste renferme en elle le vrai principe
monarchique, et son éloignement pour elle démontre
l'incompatibilité qui existe entre lui et la royauté.

Si en effet, on en juge par ce qu'on sait de lui et par
ses derniers actes, le dernier descendant de nos rois a,
plus que personne de sa race, gardé la vraie notion des
principes de la monarchie. Il entend réserver pour la
couronne une part de l'autorité souveraine, et ne consent
qu'à un contrôle limité de l'exercice de son droit. On aperçoit, dans cette théorie, très-vraie d'ailleurs, de la monarchie, les côtés par lesquels elle est en désaccord avec
l'état social et avec les principes qui dirigent une démocratie : et on peut deviner, parce que c'est une conséquence rigoureuse de cette théorie même, qu'autour de
ce trône se formerait nécessairement un corps de citoyens intermédiaires, qui, sous quelque désignation que
ce fût, représenterait aux yeux de la nation les ancien-
nes classes privilégiées.

Aussi, n'est-il pas besoin de s'associer aux préjugés
surannés ni aux préventions haineuses qui s'élèvent
contre cette restauration, pour comprendre qu'elle serait
impossible aujourd'hui. Il suffit pour cela d'être clair-

voyant sans cesse d'être juste. Mais tout en réprouvant des accusations imméritées, il faut pourtant en tenir compte : et tout en ne partageant pas un sentiment populaire égaré jusqu'à la passion, il n'est que sage de constater sa puissance, et de ne pas donner les mains à une politique que le pays repousse presqu'universellement.

CHAPITRE XV

Tous ces raisonnements, il est vrai, sont vains sur l'esprit des hommes qui pensent que si les théories politiques sont bonnes pour les livres, dans la pratique des choses leur habileté vaut mieux. Et pourtant l'expérience a montré ce que vaut cette habileté, en laquelle ils ont encore plus de confiance qu'ils ne le disent.

Ni la restauration ni le gouvernement de juillet n'ont pu durer. Ni l'irresponsabilité du roi, ni l'hérédité du trône, ni l'autorité de la couronne n'ont pu prévaloir contre la puissance des principes. Les esprits superficiels n'aperçoivent, dans ces chutes lamentables, que les causes secondes : une conspiration de palais, une faute commise par des ministres aveugles, la faiblesse de la résistance, une surprise, que sais-je ?

La vérité est que la souverainalité nationale, une fois proclamée et remise entre les mains du peuple qui l'exerce par le moyen des institutions libérales, ne souffre aucun partage ; et qu'elle renverse tout obstacle mis à sa puissance, jusqu'à ce qu'elle soit et demeure entièrement maîtresse d'elle-même. Ce mode d'existence des nations, qui constitue un idéal très-élevé, n'a pas été encore mis à l'épreuve, en Europe du moins ; et des philosophes ou très-sages ou très-chagrins peuvent douter qu'un peuple, et le peuple Français en particulier, soit capable d'exercer ainsi lui-même sa propre souveraineté, avec honneur et profit pour la patrie. Mais le peuple n'éprouve pas ces inquiétudes, et sa logique le mène vite et résolument au but.

Ce but, pour la France, est marqué : la nation, en ressaisissant sa souveraineté en 89, a pris envers elle-même l'engagement de vivre en République ou de périr : elle a sans cesse poursuivi sa marche d'une manière d'abord inconsciente et confuse mais qui devient de plus en plus distincte à mesure qu'elle avance ; et elle a renversé aur son passage tous les établissements politiques qu'elle a rencontrés, comme autant de stations placées sur sa route.

Les causes qui produisent les brusques changements opérés à chacune des étapes prennent des apparences diverses et trompeuses : ce seront des amours-propres blessés, l'esprit de justice révolté, des intérêts lésés. des haines injustes et des ressentiments implacables ; c'est une Fronde, c'est une Ligue..... Au fond le même mobile suscite toutes les résistances, le même esprit souffle dans la même direction ; et le sentiment du droit souverain dont chacun se sent investi, trouvant à son usage des armes préparées dans les institutions libérales, va droit devant lui, poussant, s'il le faut, jusqu'au renversement du trône, qui s'élève, comme un obstacle, à la volonté ou parfois au caprice de ce nouveau maître qui s'appelle le citoyen.

Inviolabilité des dynasties, souveraineté de la couronne, hérédité indéfinie de la puissance royale, ce seraient-là des principes capables de faire échec à la souveraineté nationale, alors que la foi dans la royauté est éteinte, que le trône est isolé, qu'il n'a plus autour de lui une classe de citoyens animés à le défendre par des intérêts analogues aux siens, nantie de priviléges bons à garder et d'avantages précieux à transmettre ! c'est une pure illusion, que les événements contemporains ne permettent plus de conserver.

Par quels prodiges d'habileté croirait-on pouvoir conjurer les effets de principes contradictoires mis en jeu ? Si les expériences déjà faites ne paraissent pas suffisantes, on peut en imaginer une nouvelle. Franchissons la distance qui sépare du trône la monarchie désirée : nous ferons grâce des difficultés du retour et des périls de l'ascension.

C'est le Roi : il est remonté sur le trône de saint Louis. Il forme sa cour, et y appelle, comme il le doit, les grands noms de France ; il institue une chambre de pairs où siégent quelques heureux, et d'où sont exclus un plus grand nombre d'ambitieux déçus ; il rend au clergé les honneurs qui sont dans les traditions du roi très-chrétien ; il s'entoure d'une certaine splendeur qui relève le prestige de la couronne ; il parle un langage vraiment royal, empreint du sentiment de son autorité et de son droit : enfin il est vraiment le Roi. Pense-t-on que cette apparition du drapeau blanc aura, comme par enchantement, supprimé les haines et les rancunes, étouffé les jalousies, calmé les défiances, et éteint dans les cœurs les passions politiques contraires à cet établissement ? au bout de combien d'heures croit-on que l'autorité royale sera méconnue ? quelles attaques ! quelles violences ! quels déchaînements !

Que si, achevant l'œuvre de destruction des principes monarchiques, des partisans du gouvernement de juillet préparent le pavois pour M. le comte de Paris ; on l'y traîne plutôt qu'on ne l'y élève. Les princes d'Orléans sont trop imbus des principes modernes pour avoir conservé le sentiment de la vraie monarchie. Ils le disent, leur conduite le révèle, et ce n'est pas manquer au respect qui leur est dû que de le penser. Ils sont trop de leur temps pour croire encore à la royauté. Français ! ils le sont de cœur et d'âme : ils en ont le sang, la marque, les sentiments, l'âme entière. Mais, s'ils sont les premiers d'entre nous, ils savent qu'ils n'en seront pas les maîtres. Leur père et leur aïeul était un roi-citoyen : ils sont restés citoyens, mais ils savent qu'ils ne peuvent plus être rois. Leur restauration serait en réalité celle de quelques amis : mais leur trône n'est plus utile à la France ; et le sentiment secret qu'ils ont de son inutilité en ferait à leurs yeux mêmes, et combien plus aux yeux du monde entier, un appareil puéril qui ne convient pas aux descendants de nos rois.

Les intérêts particuliers que pouvait représenter ce gouvernement ont eux-mêmes disparu. Sur quoi donc s'appuierait-il ? Cette classe moyenne dont il avait pu être l'expression fidèle, et qui avait cru trouver en lui un régime fait à son usage, n'existe plus, du moins à l'état de classe particulière et distincte des autres. Par l'influence latente quoiqu'active des idées de 89, plus encore par l'effet des lois empreintes de l'esprit de cette époque et des modifications produites dans l'état général des fortunes, par l'uniformité des mœurs et des habitudes qui s'est étendue sur tous ceux que le commerce et l'industrie élève, la classe bourgeoise proprement dite a disparu. On ne la connaît plus que par des souvenirs lointains, ou par les tableaux qu'en ont tracé les moralistes du temps.

L'orléanisme pourrait encore être l'idéal politique de certains esprits timides et à courte vue, assez épris des idées de la Révolution pour détester la monarchie véritable, trop timorés pour embrasser franchement les principes de gouvernement que la Révolution portait en elle, et amoureux d'un juste milieu qui leur promettrait de jouir à l'aise des avantages personnels qu'ils ont tirés de cette Révolution et d'être en même temps protégés par un trône contre les envahissements de la démocratie. Mais que valent et que peuvent ces timidités et ces préoccupations égoïstes contre la puissance de l'esprit général de la nation?

Le mécanisme gouvernemental ingénieux, imaginé par des hommes d'esprit connus sous le nom de *doctrinaires* pour servir de régime à la démocratie française, exige, pour être manié, des mains habiles et maintes précautions délicates. Le rouage constitutionnel de 1830 est compliqué, et il impose à la raison de ceux qui le font mouvoir une foule d'obligations difficiles à tenir. Tout y est fiction, et rien ne ressemble autant à la fiction que le mensonge, qui répugne, en fait de politique, au tempérament démocratique. Mettez ce mécanisme entre les mains du suffrage universel, au premier tour de roue, il sera brisé et il n'en restera rien.

CHAPITRE XVI

Ces différents régimes, la légitimité, l'orléanisme,
livrés à eux-mêmes, sont déjà d'un usage presque impossible : mais c'est leur faire la part trop belle que de
supposer qu'ils ne rencontrent d'obstacle que dans un
défaut d'harmonie avec l'état actuel de la société française. Ils sont encore l'un à l'autre une cause de danger et de ruine. Si l'un triomphe, il trouve l'autre debout,
acharné à le perdre; et tous les deux rencontrent dans
l'idée républicaine de plus en plus répandue un redoutable antagoniste.

Au cri de Mont-joie Saint-Denis ! qui donc viendra à
la rescousse ? Comment pourra tenir la bannière royale
contre un peuple presque tout entier conjuré? Contre
des souvenirs méconnus, contre des traditions détestées,
contre les intentions les meilleures, le suffrage universel
enverra des adversaires pris dans tous les rangs et ralliés par un esprit de résistance inexorable. Nul espoir
de durée pour ce trône mal restauré. Un sort pareil atten-
drait la semi-royauté d'Orléans.

La fusion, il est vrai, aurait pu fortifier l'une par l'autre ces deux dynasties ; et cette idée est si simple que l'on s'étonne au premier abord qu'elle n'ait pas réussi. En y réfléchissant un instant, on comprend qu'elle ne pouvait pas aboutir. Si l'on consulte les sentiments des princes, comment se fait-il que ces sentiments ne les aient pas ralliés tous depuis longtemps autour du chef de leur maison? Si l'esprit de race et le sentiment vraiment dynastique ne les y a pas conduits, il fallait qu'une raison bien forte les en empêchât, et cette raison a dû être un antagonisme dynastique persistant. Les princes d'Orléans savaient bien que leur parti ne les suivrait pas dans cette démarche, et qu'il désapprouverait tout acte de reconnaissance du droit de leur aîné. Ils n'ont pas voulu passer outre afin de ne rien compromettre : et ce qu'ils n'ont pas fait autrefois, alors que le rapprochement eût été vraiment cordial et sincère, ils ne le feront pas davantage aujourd'hui.

En vain encore la fusion serait-elle faite dans le cœur des princes, elle n'existe pas dans l'esprit de leurs partisans. On l'a bien vu dans ces derniers temps. Lorsque des hommes sincères mêlés à des gens habiles conçurent ce dessein, dans le but de supprimer la république, ce n'était pas la fusion qui les unissait dans cette campagne politique, c'était une coalition. Aussi, lorsque déjà les paroles étaient données et les promesses faites, qu'on s'était juré une alliance éternelle, chacune des deux fractions de la ligue maintenait encore son candidat. Les uns attendaient un acte formel d'abnégation, et les autres voulaient une abdication. Ils n'ont obtenu ni l'une ni l'autre; et la crainte d'être dupes les a tous empêchés d'aller plus loin.

L'orléanisme ne se retire pas de cet essai de fusion, médiocrement sincère, plus fort qu'il n'était auparavant. Alors même qu'il rallierait quelques légitimistes plus jaloux de renverser la république que de rester fidèles à leur foi déjà douteuse, le plus grand nombre des royalistes ont ressenti vivement l'échec qu'on leur a fait subir. Ils n'aiment pas les compromissions de ce genre ; et de nouveaux griefs pourraient bien avoir ravivé d'anciens ressentiments. Ils ne prêteront pas leur concours à l'orléanisme auquel ils préféreraient encore la république qui du moins ne blesse pas leurs affections dynastiques.

Ainsi ces régimes condamnés à leur isolement mutuel n'ont point en eux une force propre capable de les faire vivre. Et des intérêts personnels groupés autour de chacun d'eux ne craindraient pas, à leur sujet, de prolonger les luttes et les dissensions, de provoquer des révoltes et la guerre civile, et cela, sans motifs sérieux, sans prétextes avouables, uniquement pour satisfaire quelques convoitises de pouvoir ou d'honneurs, ou pour complaire à des sentiments de fidélité, fort respectables sans doute, mais qui n'importent nullement à la patrie ! Est-ce là ce que l'on veut ? Il faut enfin qu'on le dise !

CHAPITRE XVII

Nos ennemis attribuent notre chute à notre orgueil; et ils se vantent de nous avoir fait sentir l'effet de la parole divine : « Quiconque s'élève sera abaissé. » Toutefois, si notre vanité nationale nous a en effet portés à croire trop facilement à notre supériorité, et nous a fait négliger les moyens de la maintenir, il est entré aussi dans notre aveuglement quelque chose de ce sentiment plus noble qui fait que nous ne pouvons croire à une perfidie longuement entretenue et à la persistance d'une haine hypocrite. Que notre présomption nous ait été funeste, nous pouvons, sans le méconnaître, en tirer une leçon; et les malheurs que cette outrecuidance nous a mérités, nous rendront, il faut l'espérer, le sentiment et le souci de l'honneur véritable. La France vaincue a une attitude à prendre, également éloignée de la forfanterie et d'une extrême humilité. Il faut qu'elle reste digne et fière, avec le sentiment de sa défaite, sans humeur, mais sans complaisance à l'égard des nations qui l'ont, cette fois, vaincue, ou qui l'ont délaissée.

Il y a des hommes qui pensent que la France ne pourra

reprendre son rang en Europe qu'en redevenant monarchique. Ils revoient dans leur imagination cette monarchie française rayonnante de force et de majesté, si admirée à la fois et si enviée, et dont la splendeur rejaillissait sur nous; et ils croient qu'on peut refaire ce que le temps a défait. Ils supposent tout au moins que la France ne saurait faire bonne figure sous une autre forme. L'idée républicaine emprunte à leurs yeux quelque chose aux sentiments bas et vulgaires; et ils estiment que la république n'est pas une assez grande dame pour figurer convenablement dans le concert des nations.

La République française sera un personnage nouveau introduit dans le monde européen : et pour moi j'aime mieux que la France y reprenne sa place ainsi, que de la voir y mendier son rang comme ces personnes tombées dans la misère qui, recouvertes des restes de leur splendeur passée, réclament la considération dont on les entourait autrefois, et qu'on accueille avec le dédain que les nouveaux enrichis ménagent à l'infortune.

La monarchie française serait aujourd'hui un mince personnage auprès des nouveaux empires de l'occident, et on ne lui accorderait en cette compagnie qu'un rôle amoindri et quelque peu humiliant. La République est la nation même et ne doit rien à personne : elle n'a point de place à réclamer; elle prend la sienne.

Sans doute, si la République était un repaire de brouillons, de gens forcenés, d'hommes en révolte contre toutes les lois sociales, elle pourrait inspirer aux peuples qui l'entourent des sentiments analogues à ceux qui arment d'honnêtes gens contre un ramassis de brigands. Mais qu'elle se montre au contraire ce qu'elle peut être, le gouvernement d'un peuple moral, honnête, ferme, résolu à se relever, grandissant par l'effort qu'il fait pour se vaincre lui-même, laborieux, sourd aux conseils d'une vaine gloire, mais passionné pour la patrie et jaloux de lui rendre son antique grandeur ; ce n'est pas le dédain qu'elle inspirera à nos ennemis, c'est la crainte. Elle ne mendiera pas une part d'autorité dans les conseils de l'Europe ; son influence tranquille et sûre s'exercera sur les peuples par le spectacle qu'elle peut donner : elle peut ainsi, à elle seule, devenir notre vengeance.

C'est un titre : elle en a d'autres à l'attachement des cœurs patriotes.

Notre unité nationale a subi, comme tout le reste, les effets de nos discordes. Pourquoi nous le dissimuler ? Des programmes détestables soutenus les armes à la mains, des symptômes multiples, des confidences privées, tout le révèle. C'est au moment de nos plus grands malheurs, de ces catastrophes qui resserrent les liens des familles ; c'est au moment où la France avait, semblait-il, réalisé le type de l'unité politique la plus complète, que des idées de fédération et de séparation sont apparues tout à coup comme les signes avant-coureurs d'une destruction prochaine. *Dii*, *avertite omen!*

Qui rappellera les membres qui s'éloignent aux devoirs de la grande famille? Quelle force resserrera les nœuds qui se détendent? Quel drapeau pourra rallier tous les Français au service de la commune patrie? Et surtout quel lien idéal et secret rattachera à la vieille terre de France les fils que la conquête lui a ravis?

Seront-ce nos divisions perpétuées? seront-ce nos luttes intestines? notre dissolution devenue de plus en plus apparente? notre affaiblissement national activé par le désordre moral d'un peuple en proie au vertige des révolutions? la menace incessante de coups d'état, de conspirations? le spectacle entrevu d'une démagogie en délire ou d'un César de nouveau triomphant?

Le patriotisme que j'adjure ne permet pas d'insister davantage. Il n'y a pas de sentiments personnels si puissants qu'ils soient, qui doivent détourner nos regards de cet intérêt supérieur de l'idée de patrie. Il n'y a pas de sacrifices que l'on ne doive faire pour la protéger contre les atteintes qu'elle reçoit et pour la fortifier dans nos cœurs. Des sacrifices de ce genre! Est-ce que nous n'en avons pas tous à faire? Si l'on découvre un autre gouvernement capable de rallier tous les cœurs et tous les esprits, de tenir tête aux régimes autocratiques du vieux monde européen, de prendre la direction des races latines engagées dans une lutte désormais sans trève contre l'Orient ; qu'on nous le donne ! mais s'il n'y en pas ; que tout le monde se rassemble donc enfin sur le terrain de la République qui peut seule, dans l'état des choses, sauver la dignité et l'intégrité de la patrie.

CHAPITRE XVIII

La plupart des hommes qui s'engagent dans la voie de la résistance à la République ne voient pas, il est vrai, très-clairement le résultat de leur conduite. C'est leur goût plutôt que leur raison qui les dirige. Ils vont droit devant eux sans trop y regarder ; et beaucoup ressemblent à ces personnes d'un commerce fatiguant qui se répondent à elles-mêmes en parlant, et qui n'écoutent rien de ce que leurs interlocuteurs leur disent.

La légèreté d'esprit, le parti pris qui enrôle les amours-propres, un certain dilettantisme qui éloigne de se mêler dans les rangs, la mode, les propos des salons, tous ces mobiles frivoles dirigent un bon nombre de politiques du temps.

La vanité joue un si grand rôle dans notre pays qu'elle se mêle aux affaires, et les hommes que la vanité possède lui sacrifient tout. Autrefois, il fallait être *bien pensant* pour être sur un bon pied dans le *monde :* aujourd'hui on s'expose à n'y pas faire bonne figure quand on s'avoue républicain. Les femmes qui règnent et gouvernent dans le domaine du bon ton ont des sourires pour les ennemis notoires de la République et affectent volontiers de croire, — quelques-unes croient peut-être que tous ceux qui la défendent sont des gens de rien. Il n'est pas jusqu'à certains hommes dont l'étonnement trahit l'ignorance de leur temps, et qui vous disent : — « Monsieur un tel est vraiment un fort galant homme, — qui l'aurait cru? — Pourquoi donc? — Mais n'est-il pas républicain. » — Et pourtant les ministres actuels de cet affreux régime sont gens à faire honneur à toutes les causes; et le citoyen éminent que la mort vient de ravir à la France, n'était-il pas à la fois le type de l'homme d'État moderne et de l'homme du monde accompli (1)?

Mais dans un certain monde, le républicain passe pour un homme horrible à voir et qu'on ne saurait pratiquer sans une certaine atteinte à la dignité de la maison. Ces prétentieuses niaiseries se révèlent par des riens; et on entend parfois des petits enfants, qui ont recueilli les propos tenus autour d'eux, parler des républicains comme ils feraient des ogres qui hantent leur petite imagination. « Ce sont, disait naguères une petite fille de six ans, ce sont des méchants hommes qui tuent les femmes ! »

Cette opinion frivole a son importance dans un pays comme le nôtre, où il est resté quelque chose — bien peu — des mœurs semi-guerrières et semi-galantes des tournois. C'étaient les dames alors qui couronnaient le

(1) M. Lambrecht.

vainqueur et dont la présence excitait les champions à bien faire. Nos salons sont les champs clos de ce temps-ci : c'est là qu'on décerne les louanges, de même qu'on y châtie les chevaliers félons. Là se prennent légèrement des engagements que l'on tient ailleurs, dans la vie publique; là se nouent les intrigues; là se donnent les mots d'ordre; et les coteries du monde deviennent, au parlement, des partis.

Si les femmes du monde veulent un rôle, elles en ont un autre à prendre que celui du dénigrement qui ne leur sied guères. Le dénigrement est l'arme de l'impuissance, et on ne saurait la manier avec grâce : le dénigrement est laid en soi, et laisse son empreinte à qui l'emploie. Ce sont là des raisons qui devraient empêcher les femmes de s'en servir. Il y en a de plus hautes.

On connaît des démocrates qui s'imaginent que la brutalité dans les mœurs fait partie du bagage politique de tout bon républicain, et qui croient que la *Bohême* est la terre promise de la République. Ces gens-là singent les nobles vertus que donne le goût de l'indépendance, ils ne les ont pas au fond du cœur : ils sont pour la France ce que sont les cabotins pour les pensionnaires de la Comédie-Française. Il est au contraire aussi nécessaire à la démocratie d'être policée que d'être sage ; et elle cesserait d'être française le jour où elle aurait perdu les traits aimables qui de tout temps ont caractérisé notre pays. Il faut pour cela qu'elle fasse quelque effort su elle-même, et qu'elle se hausse au lieu de s'abaisser. L'égalité, qui est sa loi, en nivelant les conditions, rapproche les distances; mais le contact des class e serait plus nuisible qu'utile s'il n'opérait pas dans les mœurs générales des changements favorables.

La partie inférieure de la nation ne sera pas seule à en profiter ; la classe qu'on appelle particulièeement *le monde* a aussi quelque chose à y gagner. Dans cette région sociale, lorsqu'elle s'isole des autres, la délicatesse des mœurs se change en afféterie, le cœur — quand il en reste — tend à la sensiblerie, et l'esprit tourne sur lui-même comme un écureuil dans un espace étroit. La vie tout entière devient factice, et, comme on finit par ne plus connaître ce qu'on perd trop longtemps de vue, les hommes, en cessant complétement d'êtres simples dans leurs habitudes d'esprit et de vie, perdent peu à peu une part du bon sens vulgaire. C'est l'excès d'un ertai n mal dont je parle, et je ne prétends pas qu'on y soit tombé. Mais il faut prendre garde, et je m'imagine que ses habitants de cette région auront tout profit pour eux et pour le pays à se mêler un peu davantage aux humains.

Le contact assidu des classes dans la vie publique peut produire un effet utile dans les mœurs et dans les habitudes privées; et dans ces rapports nouveaux, le rôle des femmes consiste à maintenir les traditions de l'urbanité. Mais, pour que leur influence s'exerce, il faut qu'elles consentent à accepter les conditions qu'impose un état social démocratique ; et elles ne les accepteront sincèrement que si leur esprit s'élève à l'intelligence des principes de la politique moderne.

Il n'est pas nécessaire qu'elles deviennent électeurs ni orateurs de clubs, comme une certaine école de sophistes le réclame, et comme quelques cerveaux féminins égarés y prétendent. Leur esprit est éminemment sensé quand elles parviennent à se dégager des vanités dont elles subissent trop facilement le joug. Il suffit qu'elles appliquent leur esprit à voir les choses telles qu'elles sont, et à se rendre compte des vérités élémentaires de la politique contemporaine, à comprendre surtout l'inanité de leur opposition contre un ordre de faits inévitables.

Lorsqu'elles auront compris ce qu'il leur importe de savoir, on peut se fier à leur patriotisme, dont le cœur de nos mères était plein — qu'elles s'en souviennent ! — à leur instinct si sûr des vrais intérêts de ceux qu'elles aiment, et à leur goût naturel pour la considération dont un chef de famille honoré de l'estime publique les entoure. Elles encourageront le zèle et susciteront les dévoûments : elles élèveront leurs fils dans des sentiments dignes d'elles, dans l'amour du pays, dans le respect des œuvres de leurs pères, dans la pensée de se rendre utiles et de servir la patrie. Elles relèveront le culte de l'honneur, le jour où elles en accorderont le

prix à la générosité de nos efforts pour le bien public :
et leur influence heureuse servira la France en formant
des hommes libres et fiers, autant que les hommes d'Etat
qui ne pourront refaire la nation qu'avec un peuple de
citoyens.

CHAPITRE XIX

Cependant, dans les rangs du monde, tous ne sont pas frivoles, et ne se déterminent pas par les décisions parfois puériles des salons. Leur hostilité contre la République puise sa source dans des idées plus élevées et dans un ordre de sentiments respectables.

C'est dans la classe élevée de la société française que se sont le mieux conservés les principes qui servent de fondement aux nations. L'opinion de cette classe sur la politique n'est pas toujours à la hauteur de ses sentiments et de ses idées sur les grandes vérités qui sont comme le sel de la terre française.

La religion est le premier des articles de leur profession de foi. Ce n'est pas peut-être qu'elle y soit mieux pratiquée qu'ailleurs, mais elle y est hautement mise en honneur et vaillamment défendue. Les droits de la famille, le respect de soi, l'esprit de conservation, l'amour de l'ordre sont les objets principaux de leurs préoccupations. Ce n'est pas une critique, c'est un

6

hommage qu'on leur adresse en le constatant. Les conservateurs se montrent ainsi les fidèles gardiens de la tradition de notre pays, les soutiens intrépides de la vérité; et, par leur exemple, autant que par leur inflexibilité sur ces points essentiels, ils méritent bien de la patrie.

Lorsque les conservateurs se montrent résolus à sauvegarder ces principes supérieurs, il faut les louer. Lorsqu'ils manifestent des craintes à ce sujet, et qu'ils signalent avec effroi les dangers dont ces principes sont menacés à notre époque, ils ne sont point certes à blâmer. Mais leur erreur consiste tout entière dans cette idée que la République est la seule cause de ces périls, et qu'elle en doit être responsable.

Et toutefois, à cet égard, les partisans de la République ne sont pas sans reproches. Quoique cet écrit ne s'adresse point à eux, et qu'il n'ait pas pour objet de leur signaler leurs erreurs, ils souffriront qu'incidemment on leur tienne un libre langage.

Les partis politiques ont tous le devoir d'être indulgents les uns pour les autres. Tous ont commis des fautes graves, de nature à compromettre plus ou moins les intérêts du pays; et ils peuvent rejeter ces méfaits sur le compte d'une sorte d'étourdissement qui, dans les luttes civiles comme dans les autres, s'empare des combattants. Mais si les excuses qu'ils allèguent pour le passé peuvent être admises; pour l'avenir et dans le présent, elles ne sauraient à aucun titre les couvrir.

La faute capitale des républicains est d'avoir méconnu et souvent nié les principes vraiment conservateurs. On les a vus presque toujours mêler à leurs doctrines politiques des principes détestables, embrasser les erreurs inventées et propagées par le sophisme, professer l'irréligion, la haine des institutions catholiques, faire enfin d'étranges alliances avec les pires ennemis de toute société.

Sous ce rapport, les républicains ont soulevé contre eux des défiances légitimes et des répulsions justifiées. Aussi feront-ils sagement de répudier hautement des doctrines dont on a pu les rendre solidaires. Il faut qu'ils sachent que les principes fondamentaux tiennent au cœur des citoyens sensés comme une part de leur patrimoine, et que les Français ne sont point disposés à sacrifier ce qui les touche le plus à de prétendues nécessités patriotiques qu'ils nient. La France qui cherche à se régénérer, a la volonté très-ferme de garder les notions éternelles du faux et du vrai ; et ce n'est pas dans la négation des vérités qui tiennent aux profondeurs de l'âme humaine qu'elle pourrait trouver les moyens d'opérer sur elle-même la transformation morale dont elle sent le besoin.

L'école jacobine n'a rien produit que des tribuns et des crimes ; ce n'est pas à cette école que la France veut aller. Ses doctrines sont fausses et ses leçons funestes. Les hommes qui sciemment propagent ses erreurs dans un intérêt éphémère commettent un véritable crime et un crime irrémissible, car l'erreur répandue parmi des esprits ignorants ne peut plus, comme une faute personnelle, se racheter ; et ils contribuent à rendre impraticable un gouvernement qui, plus que tout autre, a besoin de reposer sur la sagesse du peuple et sur son bon sens.

C'est aussi de l'école jacobine qu'est sortie une cohorte de politiques d'une espèce nouvelle, la cohorte des ambitieux incapables qui croient que la République est leur domaine, et qui se persuadent qu'il importe au salut du genre humain et à celui de la France en particulier, qu'ils soient logés, nourris, chauffés, payés et mis en place en leur qualité de républicains. On les voit accourir ; il en sort de partout. Le travail honnête leur pèse : le labeur assidu dans la pratique d'une profession honorable les fatigue, et les fruits qu'il assure ne sont pas à la hauteur de leur mérite. Ils sont pressés ; la République les attend ; et ils courent aux fonctions électives qui leur donneront honneur et profit sans grande peine. Ne leur demandez pas s'ils sont des médecins utiles, des avocats savants, des commerçants industrieux, des praticiens habiles, des professeurs zélés ou des fonctionnaires consciencieux : c'est dans la politique qu'ils font leurs petites affaires : ils sont des *hommes politiques.* Ils ne seraient que ridicules s'ils ne faisaient pas tant de mal. N'étant bons à rien dans un ordre de choses régulier, ils remplacent le mérite par l'excentricité. Incapables de conquérir la confiance publique, ils la captent et la surprennent. Ils se font les courtisans du peuple qui distribue les suffrages ; ils flattent ses mauvaises passions et corrompent jusqu'à son intelligence ; ils déconsidèrent enfin la République dont ils ont la prétention d'accaparer jusqu'au nom.

Ce n'est certes ni le titre donné à un gouvernement, ni le désaveu des républicains sincères qui supprimera la race des ambitieux incapables. Mais les vrais républicains, ceux qui sont sérieusement dévoués à leur cause, devront se détourner de cette cohorte qui leur nuit, et ne pas favoriser, par leur complaisance, les appétits de faux frères qui ne sont point de leur famille. Et quant à eux-mêmes, leurs erreurs ne sont point inguérissables. L'ancien parti, celui de la veille, paraît déjà revenir sur les errements qu'il avait jusqu'alors suivis. Un de ses organes les plus distingués répudiait naguère hautement le jacobinisme, qu'il appelait un anachronisme et un non sens (1). C'est une déclaration qui a son prix : aussi bien, les retours à la vérité et au bon sens ne sont pas rares parmi eux. Ils sont moins rigoristes dans leurs thèses, plus libéraux dans leurs appréciations ; ils recon-

(1) *Avenir national* du 5 novembre 1871, article de M. Peyrat.

naissent davantage qu'il leur faut à tout prix respecter les principes sociaux nécessaires à la République plus qu'à tout autre régime. Il n'est personne appartenant au monde politique qui n'ait entendu à ce sujet de précieux aveux, et qui n'ait été témoin de dispositions très-rassurantes.

CHAPITRE XX

Lorsque les conservateurs, au nom de leurs doctrines, expriment leur crainte envers la République, ils se trompent eux-mêmes. Ce n'est pas de la République qu'ils ont peur, c'est bien plutôt des républicains. Mais s'ils croient que dans notre organisation actuelle, ils pourront, par la vertu d'un régime monarchique, se débarrasser de ceux qui les effraient ou qui les irritent, ils se trompent encore. République ou monarchie, le pouvoir appartiendra désormais, grâce au suffrage universel, à qui saura le mériter et le prendre : et la République offre précisément aux conservateurs de toutes nuances, ce précieux avantage, que tous y sont appelés à gouverner. Divisés sous un gouvernement monarchique, ils défendent mal et contribuent même à perdre les principes essentiels qu'ils aiment avant toute chose; unis sous la République, ils sont invincibles sur ce terrain s'ils veulent s'y placer et s'y maintenir. Les conservateurs qui, au nom de leurs principes, redoutent la République, ont donc peur d'eux-mêmes : car le pouvoir leur appartiendra s'ils savent le prendre ; et ils le gar-

deront s'ils ont l'habile témérité de défendre ces institutions qui leur causent tant d'ombrages, et qui leur
offrent pourtant les moyens les plus sûrs de se protéger.

Tandis qu'ils gémissent sur le malheur des temps et
qu'ils rêvent de rétablir le rempart crevassé d'une monarchie contre les assauts des démagogues, ils ne
s'aperçoivent pas qu'ils sont eux-mêmes les artisans de
leur faiblesse et des maux auxquels ils cherchent un
remède.

Toute société, quelle qu'elle soit, a besoin d'une discipline morale, ou autrement d'une règle qui impose
l'obéissance et maintienne la nation dans le respect de
ses institutions. L'intérêt conservateur consiste presque
entièrement, dans l'ordre politique, à assurer cette discipline morale et à la fortifier. Mais le meilleur moyen
d'établir la discipline dans la nation, c'est d'en donner
sans cesse et partout l'exemple. Ainsi en est-il dans les
sociétés régulières où l'autorité du gouvernement et
des lois n'est point mise en doute. Ainsi se passaient les
choses dans les temps où la monarchie française était
dans toute sa force, et où l'idée de l'obéissance au roi
était devenue une sorte de dogme indiscutable et sacré.
Lorsque peuple et magistrats, grands et petits, tout le
monde est pénétré d'une idée unique qui dirige les
volontés et inspire la conduite, le corps social fonc-
tionne avec régularité : les intérêts de chacun sont

garantis tels que les créent les institutions, la nation est animée de l'esprit de vie qui la rend prospère et qui la conserve.

De nos jours, le règne de la loi a remplacé celui du roi. Les institutions sont changées avec l'état social ; mais les conditions d'existence de la société sont toujours les mêmes. Elles sont même plus impérieuses dans une démocratie que dans un état monarchique. La possession d'une part de souveraineté par chacun des citoyens les dispose à une indépendance plus grande, et tend à affaiblir le lien social. La discipline morale d'un tel peuple est plus difficile à maintenir, parce qu'elle dépend de la volonté individuelle de tous les citoyens. Tout l'effort des conservateurs, et plus généralement des vrais patriotes, doit donc tendre à imprimer dans les esprits l'idée du respect des institutions et de l'obéissance aux lois, et à incliner les volontés devant la souveraineté nationale représentée par le gouvernement. Si tous les citoyens que leur position investit d'une mission de direction et d'autorité agissaient dans le même sens, la discipline morale serait bientôt établie parmi nous, et les effets ne tarderaient pas à s'en faire sentir.

Mais cela ne se peut faire qu'autant qu'il y a conformité de vues dans les classes dirigeantes et unité d'action dans leur conduite politique. Si au contraire, les conservateurs se scindent en factions, et si chacune de ces factions ne travaille qu'à son triomphe particulier,

c'en est fait et des principes et des intérêts que les conservateurs ont la prétention de défendre ; c'en sera fait
bientôt de cette patrie qu'ils disent aimer.

Les factions — j'ai déjà dit que c'est le seul nom qui
convienne aux partis dans un pays où tous les droits
légitimes sont assurés aux citoyens — les factions ne
peuvent agir que dans les élections, ou par le moyen que
leur offrent les institutions libérales, les journaux, la
parole publique, les livres. Qu'on imagine l'effet produit
sur l'âme de la nation par l'emploi de tous ces moyens
d'action, quand la guerre civile existe dans les esprits,
et quand cette guerre est conduite par des partisans tellement occupés à vaincre leur adversaire du jour, qu'ils
ne s'inquiètent pas de savoir si leurs coups ne vont pas
frapper plus haut et plus loin, et s'ils ne préparent pas
la ruine du pays.

Autorité, respect des lois, obéissance à la règle, discipline morale, tous ces biens suprêmes restent comme
des débris informes sur les champs de bataille de ces
luttes misérables. On enseigne le mépris, on dresse à
l'invective, on bafoue les honnêtes gens, on porte aux
nues les habiles, on sème le suspicion et la défiance ;
puis on s'aperçoit que le peuple à qui on a donné,
soixante ans durant, de telles leçons, est difficile à gouverner. On s'effraie alors de son œuvre et on cherche
des sauveurs. Ce n'était pas assez : on recommence.
Pour fuir le devoir qui s'impose de réparer le mal que

l'on a fait, on reforme des factions, on veut remettre sur pied les combattants, on tend à raviver, en restaurant des trônes, les causes des discordes civiles, et on se pare du nom de conservateurs, et on accuse la République !

Certes, il peut se faire que la nation s'y trompe : sa méprise, hélas ! serait cette fois irréparable. On a répandu de telles erreurs parmi ce peuple, au profit de régimes éphémères ; on a tellement brouillé dans son esprit toutes les notions du faux et du vrai, on a tellement abusé de sa simplicité et de son ignorance pour falsifier l'histoire et pour le tromper sur les faits, sur les choses et sur les hommes, qu'il pourrait encore, à la faveur des souffrances et des maux engendrés par l'Empire, suivre les conseils des factions, et se détourner de la République. Mais, que les conservateurs le sachent, ce ne serait pas au profit de leurs espérances que se ferait cette défection de la nation à sa propre cause. La démocratie française n'ayant pas trouvé ses vrais guides dans les citoyens honnêtes, se livrerait d'elle-même aux démagogues, et tomberait bientôt après dans les bras de quelque Bonaparte ou de quelque autre César de rencontre !

CHAPITRE XXI

On parle beaucoup de régénération ; on a bien raison, et plût à Dieu qu'on s'en occupât autant qu'on en parle. Ces discours sont fort beaux, et on les entend principalement dans la bouche des conservateurs qui ne laissent pas aussi de se répandre en doléances sur l'état des mœurs et des esprits. Toutefois, avant de régénérer les autres et de se plaindre d'autrui, il serait bon de se régénérer soi-même, de sonder son cœur et ses reins, et de se conduire désormais mieux qu'on n'a fait.

Nos mœurs politiques sont mauvaises ; cela est vrai : les caractères sont affaissés, et la vaillance n'est pas grande pour l'accomplissement du devoir. On fera aussi grande que l'on voudra la part des révolutions et de l'Empire dans l'affaiblissement moral de notre race. Mais quand on rejette tout sur leur compte, on oublie que les Révolutions et l'Empire, c'est nous-mêmes. On oublie que ce sont les conservateurs qui ont préparé dans les esprits les révolutions que le peuple a faites dans les rues. On oublie que ce sont eux qui pour la plupart ont acclamé l'Empire, et qui pour la plupart l'ont soutenu.

Sans remonter trop haut, et sans soulever des récriminations inopportunes, le parti conservateur commit une faute politique inexplicable, lorsqu'après avoir acclamé la République en 1848, après avoir eu l'occasion de fonder ce gouvernement, dont personne n'a le droit de se plaindre, puisqu'il est l'apanage de tous, il ne travailla qu'à sa ruine. Il avait, à la vérité, installé à la présidence de la République, une conspiration permanente sous le nom d'un Bonaparte : mais ce furent les rivalités du parti conservateur qui aidèrent le plus puissamment les desseins tramés à l'Elysée, et qui facilitèrent le succès de la trahison du chef de l'Etat préposé à la garde des lois.

Une conduite pareille serait aujourd'hui sans excuse, et amènerait des maux sans remède. Non-seulement les conservateurs n'ont pas le droit d'agiter le pays au profit d'une dynastie qui, quelle qu'elle soit, ne touche qu'un petit nombre de Français ; non-seulement ils n'ont pas le droit de provoquer une révolution que rien ne saurait justifier du moment où la nation est investie de tous les droits auxquels elle peut raisonnablement prétendre ; mais encore ils n'ont d'espoir de sauvegarder les principes auxquels ils sont attachés qu'en contribuant de tous leurs efforts au maintien de la République.

Mais ce qu'on est en droit d'attendre d'eux, qui prétendent aimer les gouvernements et les gouvernants honnêtes, c'est d'être sincères. Ce n'est d'ailleurs qu'avec de la sincérité qu'ils pourront, utilement pour le pays et non sans profit pour eux, servir le régime nouveau. Plus d'arrière-pensées ; plus de réticences ; plus de ces demi-dévouements qui s'affirment en disant : — « Oui, nous servirons la République, mais nous devons aussi respecter le pacte de Bordeaux, et tout est réservé. » — Quand on fait de telles réserves, on n'agit pas sérieusement dans le sens des dispositions qu'on annonce.

Le premier effet d'une bonne conduite politique soutenue sera de faire cesser les incrédulités sur la durée du gouvernement, de faire disparaître l'effroi que le mot de République peut encore inspirer, et de mettre fin aux doutes et aux malentendus, comme de faire avorter les espérances que fondent les ambitieux sur le retour de tel ou tel prince. Que le parti conservateur tout entier dise nettement dans les comices électoraux, dans les journaux, dans les conversations privées, dans les discours publics : — « La République, c'est nous ! Assez longtemps, la France a été divisée en partis ennemis dont les chefs seuls avaient intérêt dans la lutte. Elle est presqu'épuisée par l'effet de nos discordes sans cause ; et nos dissentiments prolongés consommeraient sa perte. Nos pères ont vécu et ont généreusement servi la cause française avec la monarchie : mais depuis que la royauté a sombré avec l'ancien ordre de choses, nous avons dépensé en vaines dissensions toutes les forces vives du pays. Nous avons compromis son intégrité, son honneur, les principes essentiels à la vie des peuples, au service de dynasties qui ont perdu les caractères vrais de la royauté, ou qui ne trouvent plus parmi nous les conditions nécessaires à leur existence. Le sol sacré de la patrie est entamé : le patriotisme se cherche et va se perdre au milieu d'une dissolution nationale activée par le désarroi des esprits et par l'âpre souci des intérêts épouvantés. Il est temps encore d'éviter ce désastre final, puisque nous avons le sentiment de nos malheurs et du mal qui nous ronge. Unissons-nous ! faisons face à tous nos dangers. Nous voici. Nous faisons l'abandon de nos espérances, de nos regrets, de nos ambitions : nous abjurons nos haines : nous embrassons la cause commune et nous n'en voulons plus servir d'autre ! »

Que chacun de nous tienne ce langage, et on verra bientôt s'évanouir les équivoques, s'éclaircir les faussetés historiques, tomber les préjugés. N'ayant plus d'intérêt à tromper les populations sur la valeur et sur la durée des institutions, tout le monde y pourra croire : et comment n'y croirait-on pas, du moment où tous les citoyens se montreront résolus à les défendre et, mieux encore, à les pratiquer ? Où seraient les motifs de craindre, de se méfier, de désirer autre chose, du jour où tous, anciens républicains et conservateurs, se seront publiquement déclarés pour le maintien du régime politique qui donne à tous une égale satisfaction ?

Ce ne sera pas certes, un embrassement universel. Le prodige que je souhaite n'est pas si grand : mais croire qu'un peuple puisse s'accorder sur son gouvernement n'est point une chimère, et ceux qui protestent que cela est impossible manquent plus encore de patriotisme que d'illusions. D'ailleurs l'accord fait sur la forme du gouvernement ne rend pas nécessaire l'unanimité des opinions sur le reste : mais il permet du moins aux hommes unis par les mêmes sentiments sur des points essentiels de se défendre. Lorsque au contraire la nation se divise en partisans de divers régimes, les opinions même étrangères aux débats constitutionnels suivent le sort des partis ; et si les conservateurs se trouvent dans des camps opposés, en vain leurs opinions conservatrices se ressemblent-elles ; elles subissent les chances de la lutte, l'intérêt politique prime tout, et le triomphe des opinions contraires est assuré.

Les conservateurs ont incontestablement le droit de tenir à leurs principes. Mais qu'ils ne disent pas que ces principes sont en péril par le fait seul de la République. Les coupables, ce sont eux-mêmes, qui, par la persistance de leurs prétentions opposées sur la forme du pouvoir, perdent de vue les intérêts supérieurs qu'ils représentent et les exposent à être sacrifiés. S'ils veulent défendre utilement ces intérêts moraux, c'est sur le terrain du suffrage universel qu'il leur faut descendre. Seulement, ce terrain ne leur offrira l'avantage du combat que s'il est déblayé de toutes ces questions inutiles propres à opérer dans leurs rangs une diversion dangereuse.

La nation a, comme eux, besoin d'ordre, de liberté individuelle, de sécurité : elle a besoin d'être rassurée sur ses droits de propriété et de famille ; elle n'entend pas que l'on menace ni que l'on outrage la religion dans laquelle elle a toujours vécu. C'est même en persuadant au peuple que telle ou telle cause politique est plus favorable qu'une autre à ces grands intérêts, que les partis obtiennent l'appui de fractions plus ou moins nombreuses de la nation. Cette faveur et cet appui appartiendront sans partage aux conservateurs unis sur le vaste terrain de la République, et n'iront plus s'égarer dans des compromissions funestes surprises à la bonne foi des électeurs, qui ne cherchent, après tout, que la vérité.

CHAPITRE XXII

S'il est un bien, parmi ceux que les conservateurs re-
vendiquent, que l'on n'aurait pas cru très-exposé, sous
la République, c'est assurément la liberté. Rien n'est
plus vrai, cependant, si l'on en croit des libéraux de
l'essence la plus pure, ceux qui se nomment les parlementaires.

Si les parlementaires voulaient parler des républicains
de l'école jacobine, ils auraient raison. Ceux-ci en effet
introduisent volontiers le fanatisme dans la politique.
Mais il y a un grain de fanatisme pour toutes les opinions. Il y a des fanatiques en républicanisme, il y en a
en esprit de conservation, il y en a même en libéralisme
parlementaire. Le fanatisme est le propre des gens qui
font d'une opinion leur affaire personnelle : or, il est naturel que l'on embrasse une cause avec une violence
extrême quand on la rapporte à soi.

La liberté parlementaire tient fort au cœur des dis-
ciples de l'école doctrinaire, où l'on appréciait la liberté
principalement en raison du rôle que les institutions
permettaient de jouer. Or les institutions sous la monar-

chie constitutionnelle donnaient un rôle considérable aux hommes qui, dans les chambres, dans les chaires publiques, dans les salons politiques et dans les cabinets de rédaction de la presse étaient mêlés aux affaires publiques.

Le roi étant irresponsable et sa personne inviolable, la responsabilité du pouvoir ne pouvait être mise en cause et devenir effective que dans les assemblées de la nation. De là l'importance des débats des chambres, et celle des hommes politiques du temps. Le pouvoir était l'enjeu des luttes parlementaires. C'est autour de cet enjeu que se formaient et se décomposaient les majorités, que se nouaient les intrigues, que s'agitaient les *importants.*

C'était là exclusivement que se dirigeaient les affaires du pays. A ce point de vue, la liberté parlementaire est fort précieuse. Mais il arrive aussi que, perdant de vue le fond des choses, les hommes publics en font un jeu qui leur permet de se livrer tout entiers au plaisir de politique raffinée qu'ils y trouvent. Entendue de la sorte, la liberté des parlementaires pourrait bien en effet, se trouver à l'étroit sous la République, mais nullement la liberté des autres.

Le souvenir des fêtes de la politique doctrinaire remplit encore l'âme de quelques hommes qui, par l'erreur commune aux esprits préoccupés d'eux-mêmes, en viennent à voir les principes de notre droit public tout entiers renfermés dans la liberté parlementaire. Ils s'imaginent vraiment que ces joûtes oratoires, ce partage des coulisses, ce remuement des coteries, ce renversement des ministères et leur remplacement, ce mouvement dans le vide, cette agitation vaine, l'importance qu'on se donne entre soi, tout cela, qui n'est que l'exagération jusqu'à la puérilité d'un principe constitutionnel vrai, tout cela c'est la liberté elle-même !

Rien ne fait mieux comprendre cette fausse notion du principe de la liberté parlementaire que la lecture rétrospective des discours qui furent prononcés avant, pendant et après les crises ministérielles dont on parlait alors comme d'événements capables de changer la face du monde. Sous ce rapport, les mémoires de l'homme d'État parlementaire par excellence, sont un précieux enseignement [1]. On ne comprend plus rien à l'émotion que ces crises paraissent avoir produites, et on se rend difficilement compte aujourd'hui des motifs qui les causaient. C'est qu'en effet, cette émotion était le plus souvent factice, grossie par les personnages qui s'y croyaient en proie et qu'elle ne répondait à rien de semblable dans le pays.

Tout cela se passait dans le giron de la petite Église : et les causes de ces querelles rarement sérieuses tenaient presque toujours à des personnalités tourmentées par

[1] Mémoires de M. Guizot.

elles-mêmes ou par leur entourage de la passion du pouvoir.

Ainsi comprise, la liberté parlementaire n'était pas la liberté ; c'était un rôle. On comprend qu'elle puisse inspirer des regrets aux hommes pour qui la politique est une scène ou un marche-pied. Mais la France ne s'en soucie nullement. La nation n'a connu cette liberté que par ses effets rarement favorables, et elle n'a pas besoin pour être libre que des importants soient, comme on disait alors, *aux affaires*.

Est-ce à dire que sous la République les chambres représentatives seront nécessairement asservies ? C'est le contraire qui est vrai : car elles seront affranchies du joug des chefs de partis, et elles exerceront d'autant plus librement leur pouvoir législatif qu'elles seront moins occupées à se disputer le banc des ministres. Quoique les institutions qui conviennent à un gouvernement républicain ne soient pas encore créées, il est d'ailleurs facile de montrer que la liberté parlementaire y trouvera sa place, et qu'elle y sera mieux assurée que sous les autres régimes.

Sous cette forme politique, le pouvoir exécutif est plus dégagé de l'action des chambres que ne pouvait l'être celui du roi. La responsabilité du président est réelle, et cette responsabilité s'applique de deux manières. Si le président manque aux devoirs essentiels de sa charge, si par exemple, il viole les lois qu'il a mission de faire exécuter, il est justiciable d'une juridiction constitutionnelle : en second lieu, son pouvoir est temporaire; il est soumis à une réélection, et à l'expiration de son mandat, il comparait en quelque sorte devant le grand jury national. Mais si la nature même de son pouvoir lui donne une grande latitude dans l'exercice de sa fonction, la nation de son côté ne perd rien de son droit de surveillance et de direction dans les affaires du pays.

C'est le parlement qui fait les lois que le président fait exécuter par ses ministres : c'est lui qui compose et inspire le conseil d'État d'où sortent les règlements d'administration publique. Il agit sur les affaires publiques par la législation; il agit sur le pouvoir exécutif par le droit de déférer les ministres et même le président à la juridiction instituée pour ces causes d'État; il agit sur la marche de l'administration par le vote spécialisé du budget. De la sorte, les deux pouvoirs marchent parallèlement chacun dans sa voie, sans qu'ils puissent se heurter, et sans qu'aucun d'eux abdique, l'un son droit d'agir, l'autre sa liberté de commander. S'il est vrai, selon la théorie de Montesquieu, que la liberté politique consiste dans la séparation des pouvoirs, la République, en faisant la part nettement établie des deux pouvoirs exécutif et législatif, assure davantage la liberté politique que les régimes constitutionnels, sous lesquels l'irresponsabilité du roi nécessitait l'ingérence constante du parlement dans les actes du gouvernement.

Sans doute les conflits ne seront pas à jamais écartés. — Les peuples n'échappent à ces difficultés de détail que sous les régimes absolus : mais s'ils y échappent, ce n'est que pour succomber quelque jour sous le poids des maux que ces régimes accumulent et qui font succéder des crises mortelles à des périodes plus ou moins longues de prospérité et de calme apparents. — Si les assemblées manquent de sagesse et le président d'habileté, des conflits peuvent naître encore sous la République, et les changements de ministère seront sans doute le moyen le plus commode de les résoudre. Mais, avec les institutions républicaines, ces conflits ne naissent pas nécessairement de la nature des choses; ils ne s'élèveront le plus souvent que sur des questions de personnes, et les assemblées prudentes feront bien de n'en pas soulever.

Les rivalités de personnes, les luttes de portefeuille peuvent plaire aux beaux esprits et aux *importants* : elles peuvent même, pour un temps, amuser la galerie ; mais le pays qui aime le repos n'a aucun goût pour ces disputes. Il veut que ses affaires se fassent, et non pas celles de ses mandataires : et la liberté parlementaire n'a de prix à ses yeux qu'autant qu'elle ne devient pas, pour ceux qu'il élève au pouvoir, un moyen de satisfaire leur intérêt personnel ou leur vanité.

CHAPITRE XXIII

Il n'est personne qui n'ait entendu un enfant à qui on propose un but à atteindre, répondre : — C'est trop difficile. — C'est ce que font pourtant les hommes qui disent que nous ne sommes pas assez sages pour vivre en République. Il est même à remarquer que ce sont presque toujours les adversaires les plus ardents de ce gouvernement qui s'en font les apologistes, et qui le trouvent trop beau pour nous. Les discours changent avec les interlocuteurs. Avec les uns, on s'indigne contre ce régime, propre, dit-on, aux déclassés en quête de position sociale : avec les autres, on place ce même régime sur un piédestal ; on l'admire, et on le trouve si parfait qu'on le déclare impossible. De la sorte, on s'arrange, tantôt à l'aide du dénigrement, tantôt à l'aide de 'admiration, pour n'en pas vouloir faire l'essai et pour en détourner les simples et les ignorants.

Si l'on veut se rendre digne d'un gouvernement que l'on admire tant, il faudrait commencer par abandonner cette tactique qui n'est guère honnête. Que chacun prenne les vertus qu'il déclare nécessaires chez les autres, le gouvernement républicain deviendra moins difficile à fonder. Que l'on veuille bien aussi faire quelque grâce aux imperfections inhérentes aux institutions humaines, et il sera possible de ramener les personnes de bonne foi à une appréciation exacte des difficultés que l'on prétend insurmontables.

Il est vrai, tant que subsisteront les compétitions monarchiques, l'impossibilité de fonder la République est radicale. La raison en est simple : c'est que ces compétitions empêcheront toujours de fonder quoique ce soit de durable. Aussi longtemqs que les factions chercheront à se détruire mutuellement et à renverser le pouvoir existant, aucun gouvernement ne pourra s'établir en France. En un mot, l'excellence du régime n'y fera rien, tant que les Français ne se résoudront pas à vivre en paix avec eux-mêmes.

Mais qu'on veuille bien admettre, — et on peut affirmer que c'est le vœu du pays, — qu'on veuille bien admettre que les compétitions dynastiques ont cessé, ce qui tout à l'heure était impossible deviendra très-praticable. Il suffit en effet que, dans tous les actes de la vie civique, les citoyens consultent leur bon sens et l'intérêt social, qui se lie nécessairement à leur intérêt particulier. S'agit-il de prendre part à l'administration de la justice, comme jurés; de prendre part au scrutin, comme électeurs; de prendre part aux délibérations des corps électifs, comme conseiller municipal, général ou comme député ? je ne demande que le bon sens appliqué aux affaires qui sont à traiter : et on ne persuadera à personne que des hommes raisonnables fassent mal, de propos délibéré, tout ce qu'ils ont à faire.

Le peuple pris dans son ensemble, — les grandes élections générales de 1848, de 1849 et 1871 l'ont bien prouvé, — n'est pas aussi dénué de bon sens qu'on affecte de le croire et de le dire. Et d'ailleurs, il n'est pas abandonné à lui-même, et il ne suit pas uniquement ses inspirations. Il est loisible à tous de l'éclairer, de le guider, de lui donner des impulsions. Avec nos institutions modernes, c'est le rôle de qui veut le prendre ; c'est plus que cela, c'est une mission que les classes supérieures de la société n'ont pas le droit de délaisser.

C'est une grande peine, dit-on ; et il vaudrait mieux que tout allât bien sans qu'on soit obligé de s'en mêler. Peine ou non, c'est un soin qu'il faut prendre, ou périr. La République offre à tous les bons citoyens les moyens de se défendre contre les mortels ennemis de la patrie, tandis que les monarchies ne leur fournissent que l'occasion de se disputer entre eux, au grand détriment de la chose publique et des intérêts moraux qu'il leur appartient de sauvegarder.

La république sans doute ne fait pas disparaître tous les dangers qui sont inhérents aux démocraties ; mais, sous ce rapport, les régimes monarchiques n'ont sur elle aucun avantage. Il n'y a pas de roi qui puisse empêcher la démocratie française de se développer par ses mauvais côtés -- et elle en a comme toutes les autres.

Les vices des démocraties ont été maintes fois signalés, et ce n'est pas ici le lieu de les énumérer. Il suffit de rappeler qu'elles sont exposées à la domination de la partie la moins éclairée de la nation qui peut se rendre maîtresse des élections par le moyen du suffrage universel; au relâchement du lien social qui conduit à la licence; et à la prédominance, dans les préoccupations générales, des intérêts matériels sur les grands intérêts publics. C'est contre ces vices que les classes conservatrices ont le devoir de lutter courageusement, non pas au nom de leur intérêt propre, quoique cet intérêt ne soit pas indifférent à la cause générale, mais au nom de la patrie elle-même, que ces vices menacent dans son honneur et dans son existence.

Si les classes conservatrices ne s'appliquent pas, dès ce jour, à éclairer et à guider la démocratie dont elles constituent la partie la plus haute, celle-ci, après des convulsions anarchiques plus ou moins prolongées, versera inévitablement, une fois de plus, et cette fois sera la dernière, dans le césarisme.

Rien n'est plus fait pour rendre attentifs les esprits auxquels cet écrit s'adresse, que la persistance de l'idée césarienne, après que trois fois dans un demi-siècle, le césarisme a infligé à la France les douleurs de l'invasion étrangère, et l'a, en dernier lieu, couverte de honte. C'est que — ainsi que je l'écrivais en 1869 (1). — « Entre le césarisme et la multitude, il y a une sorte d'attrait mutuel : et cela est tout simple. Les masses, pour emprunter au vocabulaire impérial un mot que je n'aime guère, les masses, à moins qu'elles ne soient soulevées par quelque grande passion nationale, n'apprécient que ce qui les touche de près, et ne peuvent prévoir les effets de tel ou tel régime politique sur la prospérité ou sur la grandeur du pays. C'est pourquoi leur propre bonheur, leur bien-être justifie tout à leurs yeux, même l'absolutisme, dont elles ne souffrent pas. La prédilection dont elles se croiraient l'objet les disposerait à tout supporter d'un tyran, et les rendrait peu sensibles aux maux d'une nature toute morale que le despotisme fait peser sur le reste des citoyens. »

Le césarisme est le régime propre aux peuples européens tombés en décadence. Il dompte, au moyen du militarisme, les nations incapables de se conduire : et il satisfait en même temps les instincts brutaux d'égalité absolue et de jouissances matérielles auxquels se livrent les multitudes laissées sans direction et dépourvues d'élévation morale. Ce n'est pas un gouvernement, c'est la tenue en laisse d'un peuple abaissé.

Les Bonaparte à qui semble être réservée la tâche de perdre définitivement la France, ne représentent aucun

______

(1) Voir *la Politique d'un provincial*, p. 126.

principe ; ils ne représentent que nos désastres : aussi les adhérents que des intérêts personnels rassemblent autour d'eux, disent-ils : — « Nous ne sommes pas un parti (1). » Non, ce n'est pas un parti, en effet. On souffre de voir égarés parmi eux quelques Français que leurs talents et leur intelligence élevée devaient porter à unir leur efforts aux nôtres pour sauver la patrie que tant de périls menacent. Ils y sont; qu'ils y restent, puisqu'ils consentent à assumer sur leur mémoire la responsabilité d'avoir servi les pires ennemis de leur pays.

C'est pourtant ce régime, à ce point ridicule et à ce point misérable que l'esprit a peine à comprendre que nous ayons à le craindre, c'est lui dont nous sommes menacés. Que les conservateurs le sachent. Leurs divisions, leur persistance à se tenir dans des camps opposés, leur refus de servir sans arrière-pensée et pour toujours la cause patriotique à laquelle ils sont conviés sous le drapeau de la république, favorisent autant les desseins de l'homme de Sedan, que les intrigues, les menées et les audaces qui sont à son usage, et qu'il recommence.

Ni les uns ni les autres ne profiteront des succès éphémères qu'ils pourraient remporter. Aucune des dynasties du passé n'est capable de nous sauver : il y faut les efforts de tous les citoyens ensemble. Il faut que nous soyons désormais unis, résolus à nous relever, armés de la volonté

___

(1) *Avenir libéral*, numéro du 20 octobre 1871.

de rester dignes de notre passé glorieux jaloux, de réparer nos fautes, de restaurer dans son ancien éclat notre honneur terni. Nous le pouvons si nous voulons; mais, si nous ne le voulons pas, Dieu n'a fait à aucun peuple des promesses d'immortalité; le césarisme nous attend; et, après qu'il nous aura réduits à l'état de multitude démoralisée, énervée, misérable à faire pitié, la conquête fera le reste, et se partagera les lambeaux de ce qui fut la France,

PARIS. — IMP. VICTOR GOUPY, RUE GARANCIÈRE, 5.